François-Xavier Mureha

Conflits civils, commerce régional et croissance économique dans les pays de la Région des Grands Lacs africains

Frieden – Versöhnung – Zukunft: Afrika und Europa

Schriften der GIRUBUNTU Peace-Academy

Paix – Réconciliation – Avenir : L'Afrique et l'Europe

Etudes de la GIRUBUNTU Peace-Academy

Peace – Reconciliation – Future: Africa and Europe

Studies of the GIRUBUNTU Peace-Academy

GPA GIRUBUNTU Peace Academy

herausgegeben von / éditée par / edited by

Prof. Dr. Klaus Baumann (Freiburg)
Prof. Dr. Rainer Bendel (Stuttgart/Tübingen)
Dr. Déogratias Maruhukiro, PhD (Freiburg)

Band/Volume 6

LIT

François-Xavier Mureha

Conflits civils, commerce régional et croissance économique dans les pays de la Région des Grands Lacs africains

LIT

Photo sur la couverture: Burundi-Lac Tanganyika.
Propriétaire: RAPRED-Girubuntu e. V.

∞

Gedruckt auf alterungsbeständigem Werkdruckpapier entsprechend
ANSI Z3948 DIN ISO 9706

Bibliografische Information der Deutschen Nationalbibliothek
Die Deutsche Nationalbibliothek verzeichnet diese Publikation in der Deutschen Nationalbibliografie; detaillierte bibliografische Daten sind im Internet über http://dnb.dnb.de abrufbar.

ISBN 978-3-643-91463-7 (br.)
ISBN 978-3-643-96463-2 (PDF)

Flössergasse 10
CH-8001 Zürich
Tel. +41 (0) 76-632 84 35 E-Mail:
zuerich@lit-verlag.ch https://www.lit-verlag.ch

Auslieferung:
Deutschland: LIT Verlag, Fresnostr. 2, D-48159 Münster
Tel. +49 (0) 2 51-620 32 22, E-Mail: vertrieb@lit-verlag.de

VISIBILITE

Cette thèse été réalisée grâce à l'appui financier du Gouvernment du Burundi à travers son Bureau des Bourses d'Etudes et Stages (BBES).

AVERTISSEMENT

L'Université Ouaga II n'entend donner aucune approbation ou improbation aux opinions émises dans cette thèse. Ces opinions sont propres à l'auteur.

DEDICACE

A toi notre chère mère ; tu attends toujours, au pays, l'aboutissement de cette thèse ;

A toi, notre chère épouse Elisabeth, pour ton courage et ton sens de sacrifice ;

A notre fils Ebenezer

Remerciements

Au terme de ce travail, nous voudrions adresser nos remerciements aux personnes qui, de près ou de loin, ont contribué à l'aboutissement de cette thèse. Nos infinis remerciements s'adressent, de prime abord, au Professeur Idrissa M. OUEDRAOGO qui a accepté de diriger notre travail de thèse au sein de l'Université OUAGA II. Au-delà de la contribution scientifique de premier plan qu'il a apporté à ce document, ses qualités hautement humaines et sa patience nous ont permis de rester dans la course pendant les moments durs qui ont émaillé la rédaction de cette thèse. Qu'il trouve dans ces lignes l'expression de notre profonde gratitude.

Nous tenons à témoigner de notre reconnaissance au Professeur Mahamadou DIARRA pour sa contribution à l'amélioration de la qualité de cette thèse et pour sa forte implication dans l'animation du Laboratoire d'Analyse et de Politique Economiques (LAPE) au sein duquel nous avons effectué nos travaux de recherche doctorale.

Nous remercions également les Président, rapporteurs et membres du jury de cette thèse pour leurs observations et suggestions qui, sans doute, auront contribué à l'amélioration de sa qualité.

Nous exprimons notre profonde gratitude au Gouvernement du Burundi qui, à travers, le Bureau des Bourses d'Etudes et Stages (BBES), nous a accordé le financement qui nous a permis de payer nos frais d'inscription en thèse et de séjourner au Burkina Faso en vue de mener nos travaux de recherche doctorale. Nous saluons, en passant, la bienveillance et la sollicitude du personnel du BBES vis-à-vis des boursiers.

Nous saluons et reconnaissons à juste titre l'implication de Dr Ousmane TRAORE et Dr Oumarou ZALLE dans l'animation du LAPE et leur témoignons notre reconnaissance pour les soutiens multiformes que nous avons bénéficié de leur part. Bien évidemment, nous ne saurions oublier Idrissa KABORE et Dr Kader SOMA que nous comptons parmi nos premiers compagnons de lutte au sein du LAPE et qui, de ce point de vue, nous ont aidé à nous acclimater à la vie sociale de Ouagadougou. Du même ton, nous saluons également la disponibilité de Madame Marie OUADRAOGO et Dr Fousseni RAMDE pour les sollicitations dont ils ont fait l'objet durant la rédaction de cette thèse et dans le cadre de l'animation du LAPE.

Nos sentiments de reconnaissance s'adressent également aux membres de la Communauté burundaise de Ouagadougou et, sur un ton particulier, les familles NIYONDIKO Gérard et MANIRAKIZA Dieudonné. Cette dernière, sans nous connaître davantage, nous a spontanément adopté et a été d'un grand soutien durant le séjour de notre famille au Burkina Faso. Nous leur devrons toujours cette dette.

Que tous les frères et sœurs en Christ, avec qui nous avons passé d'intenses et inoubliables moments de communion fraternelle à Ouagadougou, se reconnaissent dans ces lignes de remerciements. Nous ne saurions oublier leurs soutiens et prières qui nous ont porté, moi et ma famille, pendant les moments difficiles que nous avons traversés au cours de la rédaction de cette thèse.

Il nous est difficile de trouver des mots justes pour exprimer notre gratitude envers le Père Déogratias MARUHUKIRO qui, alors que notre bourse arrivait à terme avant la fin de la rédaction de cette thèse, nous a financièrement soutenu et nous a permis de ne pas lâcher prise pendant la traversée du désert.

Sur un ton très personnel, nous disons sincèrement merci à toi, notre chère épouse Elisabeth. Alors que nous nous embourbions à Ouagadougou, tu as accepté de tout laisser pour nous accompagner pleinement dans cette aventure et, plus que quiconque, ton sens de responsabilité, ton endurance et ta patience nous ont permis de tenir bon durant tout ce périple. Un sentiment de reconnaissance est, enfin, adressée à notre fils Ebenezer. Lorsque tu grandiras, tu sauras pourquoi tu as été privé, pour un moment, de certaines conditions favorables à l'enfant que tu étais. Du reste, tu n'as jamais cessé de les revendiquer.

Nous adressions, enfin, tous nos remerciements à toute personne, anonyme ou pas, ayant contribué d'une certaine façon à la rédaction de cette thèse. Nous tenons à signaler que les erreurs éventuelles qui pourraient y être décelées sont à notre unique responsabilité.

Sommaire

Liste des tableaux

Liste des figures

Liste des sigles et abréviations

ACR	Accords Commerciaux Régionaux
ASEAN	Association des Nations de l'Asie du Sud-Est
ASS	Afrique Sub-Saharienne
BAfD	Banque Africaine de Développement
BDI	Burundi
CAE	Communauté de l'Afrique de l'Est
CEDEAO	Communauté Economique des Etats de l'Afrique de l'Ouest
CEEAC	Communauté Economique des Etats de l'Afrique Centrale
CEMAC	Communauté Economique et Monétaire de l'Afrique Centrale
CEPGL	Communauté Economique des Pays des Grands Lacs
CEPII	Centre d'Etudes Prospectives et d'Informations Internationales
CER	Communauté Economique Régionale
CIRGL	Conférence Internationale sur la Région des Grands Lacs
CNUCED	Conférence des Nations Unies sur le Commerce et le Développement
COMESA	Marché Commun de l'Afrique Orientale et Australe
CSLP	Cadre Stratégique de Lutte contre la Pauvreté
DMC	Doubles Moindres Carrés
FAR	Forces Armées Rwandaises
FDLR	Forces Démocratiques de Libération du Rwanda
FPR	Front Patriotique Rwandais
GMM	Méthode des Moments Généralisés
IDE	Investissements Directs Etrangers
IDH	Indice de Développement Humain
IFI	Institutions Financières Internationales
IGAD	Autorité Intergouvernementale pour le Développement
IPM	Indice de Pauvreté Multidimensionnelle
KEN	Kenya
LRA	Armée de Résistance du Seigneur

MCO	Moindres Carrés Ordinaires
MEPV	Episodes Majeures de Violence Politique
MERCOSUR	Marché Commun du Sud
MRW	Mankiw, Romer et Weil
NPI	Nouveaux Pays Industrialisés
OCDE	Organisation de Coopération et de Développement Economique
OMC	Organisation Mondiale du Commerce
PIB	Produit Intérieur Brut
PNUD	Programme des Nations Unies pour le Développement
RDC	République Démocratique du Congo
RENAMO	Résistance Nationale Mozambicaine
RGL	Région des Grands Lacs
RWA	Rwanda
SADC	Communauté de Développement d'Afrique Australe
SLX	Lag Spatiale de X
SMD	Système Marchand de Développement
TZA	Tanzanie
UE	Union Européenne
UEMOA	Union Economique et Monétaire Ouest Africaine
UGA	Ouganda
UMA	Union du Maghreb Arabe
USA	Les Etats Unis d'Amérique
USD	Dollars Américains
VAR	Vecteur Autorégressif

Résumé

La Région des grands lacs (RGL) est caractérisée, depuis les années 1990, par la résurgence et la persistance des conflits civils à dimension régionale accentuée. Dans le même temps, c'est un espace crédité d'un grand potentiel en matière d'intégration économique régionale. Malgré cela, les dynamiques des économies de la région semblent indiquer, durant les années de guerre, un ralentissement des taux de croissance et une tendance à la divergence de ces derniers. Cela nous a poussé à rechercher, dans le cadre de cette thèse, à mettre en évidence l'effet des conflits civils sur la croissance économique des pays de la région des grands lacs en prenant en compte le rôle du commerce régional et l'existence des externalités spatiales liés à ces conflits.

Nos travaux ont abouti à des résultats suivants : (i) dans la RGL, le commerce régional n'a pas d'effet sur l'occurrence des conflits civils. Par contre, il apparaît que ces derniers affectent négativement le commerce régional ; (ii) ils exercent également un effet négatif sur la croissance économique des pays touchés et celle de leurs pays voisins ; (iii) alors que le commerce régional exerce un effet positif sur la croissance pour les pays de la région, son interaction avec le conflit civil l'affecte négativement ; ce qui veut dire que le commerce est l'un des canaux de transmission des effets des conflits civils sur la croissance économique de ces pays.

Ainsi, pour que la RGL puisse profiter pleinement de son potentiel en matière d'intégration économique et bien amorcer sa dynamique vertueuse de croissance, le problème des conflits civils doit être efficacement adressé. En particulier, lorsqu'un conflit civil éclate dans l'un des pays, les autres pays de la région devraient, au lieu d'afficher une attitude belliqueuse, s'évertuer à aider à trouver un dénouement pacifique de la crise. Du reste, dans le cadre des différentes Communautés Economiques Régionales, des mécanismes de surveillance et d'arbitrage devraient être mis en place pour qu'en cas de conflit dans l'un des pays membres, les accords de libre-échange et de libre circulation des biens et des personnes ne soient pas remis en cause. Enfin, étant donné le rôle présumé des ressources naturelles comme catalyseurs des effets des conflits civils sur les économies de la région, une gestion saine et responsable de l'exploitation de ces ressources est plus que nécessaire aussi bien sur le plan national que sur le plan international.

Mots clés : *Conflits civils, Commerce régional, Croissance économique, Région des Grands lacs, Doubles moindres carrés, Méthode des moments généralisés, Econométrie spatiale.*

Abstract

Since the 1990s, the Great Lakes Region (GLR) has been characterized by the resurgence and persistence of civil conflicts with an accentuated regional dimension. At the same time, it is a space with great potential for regional economic integration. Despite this, the dynamics of the economies of the region seem to indicate, during the war years, a slump in growth rates and a trend towards divergence. This led us to seek, in this thesis, to highlight the effect of civil conflict on the economic growth of the countries of the Great Lakes region by taking into account the role of regional trade and the existence spatial externalities related to these conflicts.

Our thesis highlights the following results : (i) in the RGL, regional trade has no effect on the occurrence of civil conflicts. On the other hand, it appears that these have a negative impact on regional trade ; (ii) they have a negative effect on the economic growth of the affected countries and their neighboring countries ; (iii) while regional trade has a positive effect on growth for the countries of the region, its interaction with the civil conflict negatively affects it ; which means that trade is one of the channels of transmission of the effects of civil conflict on the economic growth of these countries.

Thus, for the GLR to take full advantage of its potential for economic integration and to begin its virtuous growth momentum, the problem of civil conflict must be effectively addressed. In particular, when a civil conflict breaks out in one of the countries, the other countries of the region should, instead of displaying a bellicose attitude, strive to help find a peaceful resolution of the crisis. Moreover, within the framework of the various Regional Economic Communities, monitoring and arbitration mechanisms should be put in place so that, in the event of a conflict in one of the member countries, free trade agreements and free movement of goods and people are not questioned. Finally, given the assumed role of natural resources as a catalyst for the effects of civil conflict on the economies of the region, sound and responsible management of the exploitation of these resources is more than necessary both at the national and regional levels.

Keywords : *Civil conflict, Regional trade, Economic growth, Great Lakes region, Double least squares, Generalized moment method, Spatial econometrics.*

Introduction générale

L'humanité devra mettre un terme à la guerre, ou la guerre mettra un terme à l'humanité[1]. Telle est la phrase prononcée par John Fitzgerald Kennedy, 35ème Président des Etats Unis d'Amérique, lors de son discours prononcé à la Tribune des Nations Unies le 25 septembre 1961, en vue de montrer les effets néfastes de la guerre pour le monde.

Alors que le nombre de guerres interétatiques a considérablement diminué depuis la fin de la Seconde Guerre mondiale, les conflits civils se sont multipliés dans le monde, touchant, au milieu des années 1990, près du quart de l'ensemble des pays du monde. En Afrique, la prolifération de ces conflits a fait suite à la fin de la guerre froide qui a provoqué le chaos et l'effondrement de certains Etats suite à la mise à terme du patronage Est-Ouest.

La Région des Grands Lacs africains[2] (RGL dans la suite) est l'une des régions de l'Afrique les plus touchées par ces conflits civils. Entre 1990 et 2010, les données sur les Episodes Majeures de la Violence Politique (MEPV) fournies par le *Center for Systemic Peace* (Marshall, 2016) indiquent que la RGL est la plus instable de l'Afrique. En effet, sur la période considérée, la RGL (CAE+RDC) est

---

1 John Fitzgerald Kennedy, Discours prononcé à la Tribune des Nations Unies le 25 septembre 1961

2 La délimitation de la RGL est basée sur une expérience historique partagée datant des interactions précoloniales et commerciales, des caractéristiques géographiques communes (en particulier le partage des frontières avec les grands lacs tels que le lac Victoria, Tanganyika, Malawi, Turkana, Albert, Kivu et Edward). Cette région est aussi caractérisée par le partage de la langue Swahili, des identités, des relations et des formations culturelles transcendant les frontières modernes des Etats Nations d'aujourd'hui. C'est dans ce sens que la plupart des études identifient la RGL comme étant constituée de six pays, à savoir le Burundi, le Kenya, le Rwanda, la RDC, l'Ouganda et la Tanzanie. D'autres considèrent une définition plus large et y intègrent, en plus des six derniers, le Soudan, la Somalie, l'Ethiopie, l'Erythrée, la Zambie, le Malawi, le Zimbabwe, le Mozambique, la Centrafrique et le Congo Brazzaville. Cependant, Omeje et Hepner (2013) notent que cette approche globalisante n'a aucun sous-bassement réel, que ce soit en termes de relations économiques et commerciales ou de liens coloniaux, historiques, culturels et linguistiques. C'est pourquoi, dans le cadre de cette thèse, nous adoptons l'approche minimaliste de la RGL, à savoir l'espace composé du Burundi, du Kenya, du Rwanda, de la RDC, de l'Ouganda et de la Tanzanie. Nous croyons que cette région est pertinente au regard de notre thématique de recherche.

la Communauté Economique Régionale (CER) qui a enregistré plus de nombre d'années de guerres civiles (38 au total), suivie de la CEDEAO qui a connu 31 années et de la SADC (sans la RDC) avec 23 années. La CEMAC est la 4ème CER qui compte, sur la période considérée, 19 années de guerres civiles tandis que l'UMA est la région la moins instable avec seulement 14 années.

La persistance des conflits civils dans la RGL s'est amorcée avec le génocide rwandais de 1994 qui a coïncidé avec la faillite de l'Etat congolais (ancien Zaïre) suite à la chute du régime dictatorial de Mobutu. La dimension régionale de ces conflits, prenant aujourd'hui la forme des guerres par procuration menées par les groupes armés clandestins à travers la porosité des frontières, a contribué à leur persistance car les acteurs et les problèmes au centre de ces batailles changent constamment de bases (Githaiga, 2011).

Pendant que le rôle des ressources naturelles dans la persistance des conflits de la RGL a suscité de nombreuses recherches, mettant en avant les facteurs économiques et la thèse de l'avidité des acteurs comme causes fondamentales de ces conflits, les conséquences économiques de ceux-ci semblent avoir reçu une faible audience dans les débats des universitaires. C'est pour tenter de combler ce gap que la présente thèse se propose d'analyser la relation « *Conflits civils-Commerce régional-Croissance économique* » dans la Région des Grands Lacs africains.

Pourquoi le choix de ce triptyque ? Il relève de la quasi-unanimité que les conflits civils dépriment la croissance économique des pays touchés (Knight, Loayza, & Villanueva, 1996 ; Eeasterly & Levine, 1997 ; Collier & Hoeffler, 1999). Pour l'Afrique, en particulier, Easterly et Levine (1997) montrent que les fractionnements et les conflits ethniques sont des facteurs importants de la faible croissance sur ce continent. En abondant dans le même sens, Azam, Berthelemy, & Calipel (1996) trouvent qu'en raison de son impact sur la productivité totale des facteurs, l'instabilité politique affecte négativement le taux de croissance des économies africaines. Pour sa part, Hugo (2001) soutient que les guerres affectent directement les économies africaines par la destruction ou la dévalorisation du capital physique (infrastructures, équipements), humain et social reposant sur la confiance, les règles ou les réseaux de relations. De ce point de vue, la guerre et les facteurs de risque sous-jacents sont souvent cités comme les principales raisons pour lesquelles les pays à faible revenu, en particulier, l'Afrique, n'ont pas pu rattraper les pays développés.

Sur le plan théorique, Collier &Hoeffler (1999) identifient les conséquences économiques des guerres civiles sur au moins cinq plans : *la destruction, la perturbation, le détournement, le désinvestissement et la substitution de portefeuille.* La destruction de certaines ressources est la manière la plus évidente par laquelle le conflit civil endommage l'économie. Durant la guerre, une partie de la force de travail est tuée ou mutilée ; les ponts, les routes, les bâtiments et les autres infrastructures sont détruits. Ensuite, il y a sans doute la perturbation de l'activité économique en raison de la guerre et du trouble social induit. Le troisième effet est le détournement des dépenses publiques. En effet, l'augmentation des dépenses militaires peut réduire le stock de ressources disponibles pour d'autres usages domestiques tels que l'investissement dans le capital productif, l'éducation et l'innovation technologique (Knight, Loayza, & Villanueva, 1996). Par ailleurs, dans le but de faire face aux pertes temporaires de revenus, il y a possibilité de désinvestissement, effet analytiquement similaire à la destruction du stock de capital. Enfin, en réaction à la détérioration de l'environnement économique, les agents privés se livrent à la substitution de portefeuille, en transférant leurs actifs, qu'ils soient humains, physiques et financiers. Au bénéfice du retour à la paix, les effets de la destruction, de la perturbation, du détournement et du désinvestissement peuvent disparaître rapidement, ce qui ne serait pas le cas pour l'effet de substitution du portefeuille qui a vocation à s'installer dans le temps puisque le rapatriement des capitaux et des actifs n'est pas automatique après la guerre.

Pour Imai & Weinstein (2000), les conflits armés domestiques affectent la croissance des pays en guerre à travers deux principaux canaux. Premièrement, le conflit civil impacte l'économie à travers la baisse de l'investissement domestique à cause de la destruction des infrastructures et des usines par les combats, l'aggravation de la dépréciation des actifs, la fuite des capitaux et la détérioration de l'environnement des affaires. En second lieu, les auteurs épinglent la détérioration de l'équilibre du budget de l'Etat et la mauvaise allocation de celui-ci dus au financement de la guerre.

Concernant les effets néfastes de la guerre sur l'économie, Blomberg & Hess (2006), quant à eux, soutiennent qu'au delà du canal domestique, le commerce international est la voie par laquelle la violence armée impacte négativement la croissance économique des pays touchés. Ce papier de Blomberg & Hess montre en effet que les violences armées plombent le commerce international de la même manière que les coûts commerciaux, provoquant ainsi le déclin de l'activité économique globale et du revenu. Pour ces auteurs, un conflit armé dans le pays **A** accroît les coûts du commerce avec ce pays ce qui incite le pays **B**, son partenaire commercial, à se tourner vers le marché intérieur ou vers un autre pays plus pacifique et moins risqué, de manière à réduire le commerce bilatéral entre les pays**A** et **B**.

Bien que ces auteurs pointent le commerce extérieur comme étant l'un des canaux majeurs par lesquels les conflits civils plombent la croissance économique des pays touchés, la relation « *Conflits civils-Commerce-Croissance* » n'est pas très documentée dans la littérature économique. Pourtant, dans le cadre de la Nouvelle Economie Institutionnale (NEI), beaucoup de travaux avancent que l'échec des politiques d'ouverture, en Afrique, pour redynamiser la croissance, est principalement dû au contexte morose de ce continent en matière de climat des affaires dont l'insécurité et l'instabilité socio-politique sont souvent le reflet.

En effet, depuis Smith (1776) et Ricardo (1817), le commerce international est considéré comme un facteur majeur de croissance et de bien-être. Le courant néo-classique explique les bénéfices économiques de l'ouverture par des avantages comparatifs, aussi bien en termes de dotations technologiques qu'en termes de dotations factorielles. Dans le cadre de la théorie de la croissance endogène, le commerce et l'ouverture affectent positivement la croissance à travers les économies d'échelle et la diffusion technologique entre les pays qui commercent ensemble.

Cependant, malgré les politiques volontaristes en la matière, les retombées positives du commerce international sur la croissance sont inégalement réparties de par le monde. Alors que certains pays asiatiques et latino-américains ont enregistré des taux de croissance élevés grâce à leur politique d'ouverture, ces dernières ont conduit à des résultats mitigés en Afrique. A ce sujet, certains travaux empiriques, dans le cadre de la Nouvelle économie institutionnelle (North, 1991), invoquent l'aspect conditionnel de la relation commerce-croissance. Une politique d'ouverture ne pouvant conduire à la croissance en l'absence d'un environnement économique, social et politique approprié.

Pour le cas de l'Afrique en particulier, Longo & Sekkat (2004) soutiennent que certains facteurs institutionnels tels que les politiques économiques peu judicieuses et les tensions politiques internes, surtout lorsque celles-ci prennent une dimension régionale, pèsent sur le commerce régional. Dans le même ordre d'idées, Baliamoune-Lutz & Ndikumana (2007) et Baliamoune-Lutz (2009) montrent qu'une politique d'ouverture, lorsqu'elle est initiée dans un contexte de fragilité des institutions, nuit à la croissance économique. Or, le conflit civil équivaut à l'anarchie et à l'absence de règles (Vahabi, 2012). Pour ainsi dire, les conflits civils sont le reflet de la fragilité des institutions.

Cependant, peu de travaux empiriques ont, d'une façon spécifique, pris en compte les conflits civils pour analyser comment ces derniers affectent la relation « *commerce-croissance* » ou, autrement dit, si oui ou non le commerce international canalise les effets des conflits civils sur la croissance des pays en guerre. A notre connaissance, seul Oloufadé (2012) analyse l'effet de l'interaction entre l'ouverture commerciale et le risque de conflit sur les inégalités de revenu.

Néanmoins, la relation « *conflits civils-commerce* » est elle-même complexe. D'une part, la littérature sur l'économie des conflits montre que ceux-ci exercent un effet négatif sur le commerce international ((Bayer & Rupert, 2004 ; Blomberg & Hess, 2006 ; Glick & Taylor, 2005). D'autre part, dans le cadre de l'économie politique des relations internationales, la thèse libérale du « *commerce pacificateur* » préconise que le commerce international a des retombées pacifiques sur le plan interétatique (Polachek, 1980 ; Rosecrance, 1986) et intra-étatique (Barbieri & Reuvey, 2005 ; Bussmann & Schneider, 2007 ; Martin, Mayer, & Thoenig, 2008). Pour Magee & Massoud (2011), il est possible que les coûts anticipés liés à la perte des échanges dissuadent les Etats très ouverts de s'engouffrer dans des guerres civiles. Au niveau microéconomique, Gissinger, Hegre & Gleditsch (2003) avancent que le commerce extérieur d'un pays est censé promouvoir le développement économique et social de nature à éroder les motivations pour les individus de s'engager dans les rébellions. Ils soutiennent, par ailleurs, que le commerce extérieur est susceptible de réduire les inégalités et le contrôle de l'Etat par l'élite au pouvoir, ce qui atténuerait les griefs politiques à l'origine des conflits civils. Au niveau macroéconomique, Gissinger, Hegre & Gleditsch (2003) montrent aussi que le commerce entre deux Etats voisins peut décourager les conflits civils dans la mesure où le commerce est un facteur de sympathie entre ces Etats. Or, l'incitation des Etats à soutenir tel ou tel groupe armé de leur voisin est fonction de la sympathie ou de l'antipathie qu'ils éprouvent envers le régime en place. Cela est particulièrement vrai pour les pays frontaliers ou relevant d'une même région. De ce point de vue, les relations commerciales entre les pays voisins semblent constituer un facteur de dissuasion pour ces derniers à entretenir des conflits civils. D'où une relation bidirectionnelle du couple « *Conflits civils-Commerce régional* ».

Enfin, la relation triptyque « *conflits civils-commerce régional-croissance* » permet d'envisager les effets spatiaux des conflits civils à travers les effets de ces derniers sur le commerce régional. Des auteurs tels que Murdoch & Sandler (2002a ; 2002b ; 2004) et De Groot (2010) ont montré que les effets négatifs d'un conflit civil n'ont pas vocation à se confiner à l'intérieur du seul pays directement touché. Des externalités spatiales négatives sur les économies des pays voisins seraient envisageables. Ces externalités agiraient à travers plusieurs canaux dont l'impact du conflit sur les infrastructures et le travail des pays voisins, la perturbation des relations commerciales avec ces derniers et le risque qu'un conflit naisse chez eux. Pour les pays frontaliers ou les voisins régionaux, le commerce régional semble être le canal privilégié puisque ce dernier assure par excellence la connexion et l'interdépendance des économies concernées[3].

Ce qui précède nous montre que la relation « *Conflits civils-Croissance* » peut être mieux appréhendée par la prise en compte du commerce régional, ce qui témoigne de toute la pertinence de l'analyse de la relation « *Conflits civils-Commerce régional-Croissance économique* » pour une région comme celle des Grands Lacs Africains.

---

[3] Sur ce point, Couttenier & Vicard (2012) montrent qu'un conflit civil dans un pays peut impacter la croissance de son voisin en réduisant son commerce international, surtout lorsque le pays en guerre sert de transit pour les exportations et les importations de ce dernier (Moore, 2015).

En effet, trois faits stylisés majeurs caractérisent la RGL. C'est une région marquée profondément par une dynamique persistante de conflits civils régionalisés, créditée, pourtant, d'un grand potentiel en matière d'intégration économique régionale alors que les pays membres affichent des performances économiques disparates.

La RGL est en proie aux conflits civils depuis une trentaine d'années, et a connu certaines des pires guerres traversées par le continent africain. En 1990, tout commence par le Rwanda avec l'attaque du Front Patriotique Rwandais (FPR) en provenance de l'Ouganda, qui déclenche une guerre entre le FPR et les Forces armées rwandaises (FAR) de l'époque. Cela va aboutir au génocide de 1994 qui, à la suite de l'assassinat du Président Habyarimana, va emporter plus de 800.000 vies humaines. Après la victoire du FPR sur l'armée régulière, les vagues de réfugiés rwandais vers la RDC conjuguées à la déliquescence de l'Etat zaïrois de Mobutu vont être à l'origine de deux guerres du Congo (1996-1997 et 1998-2003) qui occasionnent des pertes en vies humaines estimées à plus de cinq millions et, avec l'implication directe de tous les pays frontaliers, ces guerres prennent une dimension véritablement régionale. Dès lors, des groupes armés prolifèrent jusqu'aujourd'hui à l'est de la RDC dont la richesse du sous-sol en ressources minières riches en composants électroniques est devenue l'enjeu majeur de la conflagration. Entre temps, au Burundi, une crise politico-sécuritaire s'installe depuis octobre 1993 à cause de l'assassinat du premier Président démocratiquement élu à la suite de la restauration du pluralisme politique en 1992. Ce coup d'état sanglant plonge le pays dans une période sombre au cours de laquelle plus de 300.000 personnes, toutes les ethnies confondues, périssent à travers des violences ethniques et une longue guerre civile qui va durer de 1993 à 2005.

Si, durant la période 1990-2010, l'Ouganda et le Kenya n'ont pas fait l'objet de guerre civile à proprement parler, ces pays n'ont pas connu une totale stabilité. Au Kenya, les violences post-électorales de 2008 ont conduit à au moins 1.200 morts et approximativement 350.000 déplacés internes. En Ouganda, bien qu'ayant fini avec l'instabilité chronique depuis 1986 suite à l'accession au pouvoir de Yoweri Kaguta Musevenu, des attaques sporadiques de la Lord's Resistance Army (LRA) au nord du pays font beaucoup de victimes tandis que la riposte et les poursuites transfrontalières par l'armée ougandaise crée des millions de déplacés internes et des vagues de réfugiés en RDC, au Sud Soudan et en République Centrafricaine. De ce point de vue, on peut dire que la Tanzanie est le seul pays de la RGL qui n'aurait pas connu d'événements sanglants depuis son indépendance.

Malgré cette dynamique persistante des conflits civils dans la RGL, cette zone est considérée comme un espace à forte vocation d'intégration économique intrarégionale. En effet, mise à part la RDC, les cinq pays font partie de la CAE dont l'expérience d'intégration date de longtemps. Les origines de la CAE remontent, en effet, à 1933 avec la coordination des activités économiques et politiques suivant les liens coloniaux (chemin de fer Kenya-Ouganda, le Conseil monétaire d'Afrique de l'Est, l'Union postale, etc). C'est ce processus qui a évolué et qui a donné, au lendemain des indépendances, à la création de la CAE en 1967, une communauté qui regroupait à ce moment le Kenya, l'Ouganda et la Tanzanie. Il est vrai que la CAE fut dissoute en 1977 suite aux préoccupations concernant la répartition des fruits de l'intégration jugés majoritairement profitables au Kenya. Elle est reconstituée, néanmoins en juillet 2000 sous l'impulsion des mêmes pays fondateurs et admet en son sein, en juin 2007, le Burundi et le Rwanda, deux anciennes colonies belges. Cette CER est jugée par bon nombre d'auteurs (Léon, 2004 ; Porhel, 2004 ; Mérino, 2011) comme un espace présentant de nombreux atouts pour une intégration économique régionale réussie.

Porhel (2004) met en évidence, pour la CAE, de fortes complémentarités naturelles et historiques pour ses pays membres. En effet, à la différence des autres régions d'Afrique, l'Afrique de l'Est a l'avantage de connaître un réseau routier et ferroviaire interconnecté, notamment deux corridors : celui du nord qui relie le port de Mombasa aux capitales de l'intérieur (Kigali, Bujumbura, Kisangani et Juba) en passant par Kampala et celui du sud qui démarre du port de Dar es Salaam en Tanzanie pour rejoindre Lusaka en Zambie via Mbeya. Cette interconnexion est renforcée par la langue swahili qui traverse les six pays de la RGL. Pour Mérino (2011) et Léon (2004), l'intégration des espaces et donc des hommes est caractéristique de l'Afrique de l'Est, laquelle a conduit à l'émergence d'une réalité régionale dont la force réside dans sa dimension spatiale. Ainsi, la CAE est-elle en tête des autres CERs en termes de commerce intra-régionale entre 2000 et 2010. En 2010 par exemple, les perspectives économiques en Afrique (BAfD, OCDE, & PNUD, 2016) montrent que la CAE totalise 18,65 % de commerce régional (du total des échanges), contre 18,18 % pour la SADC, suivie de l'UEMOA (12,70 %), de la CEDEAO (8,2 %), du COMESA (7,36 %) et enfin de la CEMAC (2,74 %).

La RDC, sans toutefois appartenir à cette communauté, entretient d'intenses relations commerciales avec les pays membres de la CAE. En effet, le Burundi, le Rwanda et la RDC ont des liens commerciaux historiquement forts car ils représentent une région de transit entre la cuvette de la RDC à l'ouest avec les ports, à l'est, du Kenya et de la Tanzanie. Et aujourd'hui, ces liens du commerce persistent, avec l'est de la RDC qui constitue le plus grand marché d'exportation pour ses voisins. Par ailleurs, les relations commerciales de la RDC avec les autres pays de l'EAC sont renforcées par le fait que ce pays, d'une part, partage l'appartenance à la SADC avec la Tanzanie et que, d'autre part, tous ces pays, sauf la Tanzanie, font partie de l'espace COMESA. Cela est confirmé par Niang (2010) qui constate que le principal club spatial de convergence en Afrique est constitué par la RDC et les pays de la Communauté d'Afrique de l'Est. A ce sujet, il note lui aussi que les interactions économiques qui existent entre ces pays dans le cadre du COMESA et celui de la CAE sont favorisées par la similarité de leurs caractéristiques économiques et la proximité géographique. Pour faire part de cette similarité, Kabamba (2000) met en évidence les facteurs d'interrégionalité des six pays de la RGL en montrant qu'ils partagent au moins trois réalités spatiales : la réalité historico-culturelle, la réalité politique et la réalité économique.

Aujourd'hui, l'intégration entre les six pays est davantage renforcée dans le cadre de la Zone de Libre Echange Tripartite entre le COMESA, la CAE et la SADC. Cet accord de libre-échange continental signé le 10 juin 2015 à Charm el-Cheikh, en Égypte, constitue un vaste marché d'une population totale estimée aujourd'hui à 632 millions d'habitants, et dont le produit intérieur brut (PIB) s'élève à 1,3 billion USD. Cette proportion représente la moitié des membres de l'Union africaine et correspond à 58% du PIB de tout le continent[4]. Cet accord tripartite est louable d'autant plus qu'il vient résoudre un problème caractéristique des pays de l'Afrique de l'Est à savoir le chevauchement des différentes CERs dans le processus d'intégration des pays de la région en vue de la promotion accélérée de la Communauté économique africaine, tel que stipulé dans le Traité d'Abuja.

Malgré les potentialités individuelles et régionales de la RGL, les dynamiques de croissance des pays membres n'ont pas toujours été satisfaisantes et il semble, lorsqu'on y regarde de près, qu'elles sont fortement marquées par l'instabilité politico-sécuritaire qui caractérise cette sous-région de l'Afrique sub-saharienne.

En effet, en analysant les dynamiques de croissance économique des pays de la RGL sur la période 1990-2010, deux groupes de pays émergents : ceux ayant enregistré des taux de croissance négatifs au cours de la décennie 1990 (Burundi, RDC et Rwanda) et ceux dont les taux de croissance n'ont jamais été négatifs sur la période sous étude (Kenya, Ouganda et Tanzanie). Cela illustre, en toute vraisemblance, l'effet des conflits civils sur les performances économiques de la région.

Les trois pays de la CEPGL (Burundi, RDC et Rwanda) ont particulièrement été touchés, durant les années 1990, par des conflits civils de plus ou moins grande ampleur. Pour le Rwanda, le génocide de 1994 a eu un impact tel que le taux de croissance chute jusqu'à -50,25 % au cours de cette année pour remonter à 35,22 % l'année suivante. De fait, le génocide et la fuite des anciens dignitaires (et d'une bonne partie de la population) ont sapé la base économique déjà fragile du pays. Cela se traduisant par la fuite d'une grande partie de son capital humain, la des-

4 http://www.comesa.int/wp-content/uploads/2016/06/La-Zone-de-libre-echange-tripartite-QR.pdf

truction de ses infrastructures et, au final, l'anéantissement de sa capacité à attirer l'investissement privé. Par la suite, les importantes réformes économiques et politiques post-génocide ainsi que la bonne gouvernance inspirée par le président Kagame depuis l'an 2000 ont permis au Rwanda d'enregistrer une forte croissance d'une moyenne de 7,94 % par an.

La dynamique de la croissance économique au Burundi laisse aussi transparaître des conséquences de la guerre. Deux périodes distinctes se lisent en effet. La période allant de 1990 à 2003 est celle au cours de laquelle le pays a connu une crise socio-politique d'une grande ampleur, allant de l'avènement du multipartisme en 1990, avec ses soubresauts, à la guerre civile déclenchée en 1993 pour se terminer en 2003. Au cours de cette période (1990-2003), l'économie burundaise a été fortement affectée par la destruction de son appareil productif, les secteurs porteurs de la croissance ayant été considérablement touchés. C'est la raison pour laquelle elle enregistre une croissance moyenne négative à hauteur de -0,70%. La seconde période va de 2003 à 2010 et correspond aux années post-conflit après la signature des accords de paix et de réconciliation nationale qui ont fait suite à l'organisation des élections démocratiques. Cette période a connu des programmes de relance économique tels que les Cadres Stratégiques de Lutte contre la Pauvreté (CSLP) de première et de deuxième génération ainsi que la vision 2025 qui ont permis une reprise de la croissance avec une moyenne annuelle de 4,02 %.

En RDC, il faut d'abord signaler que les trois décennies de mauvaise gestion économique sous la présidence de Mobutu (1965-1997) avaient profondément affaibli tous les secteurs de l'économie, induisant systématiquement des taux de croissance négatifs pendant treize années consécutives et un déclin dramatique du PIB réel par habitant. Par la suite, les deux guerres du Congo, depuis 1996, dans lesquelles étaient impliquées les armées et les milices de plusieurs pays voisins, avec des conséquences dévastatrices, a maintenu le pays dans une dynamique de croissance négative (avec une moyenne de -5,60 %) jusqu'en 2001. C'est ainsi que, depuis 2002, à la faveur des changements en termes de programme économique et politique rassurants opérés par Joseph Kabila fils, accédé au pouvoir en 2001 après l'assassinat de son père, le pays renoue avec des taux de croissance positifs. Dès lors, le PIB de la RDC s'est accru en moyenne de 5,5%, impulsé principalement par les secteurs minier, le transport et la communication, le commerce de gros et détail, ainsi que les bâtiments et travaux publics (Herdershee, Samba, & Tshibangu, 2012).

Le deuxième groupe est composé des trois autres pays, le Kenya, l'Ouganda et la Tanzanie qui affichent des taux de croissance presque toujours positifs sur la période considérée, nuance faite pour le Kenya qui enregistre, en 1992, une croissance négative (-0,79 %) et des taux sensiblement faibles durant certaines années qui frôlent 0 %. Pour ce pays, il faut aussi considérer l'impact de la crise postélectorale de 2008 qui a entrainé une chute sensible de la croissance économique (de 6,85 % en 2007 à 0,23 % en 2008). Malgré ses taux de croissance faibles, le Kenya reste la plus grande économie de la région. Leader dans toute l'Afrique de l'Est, le Kenya dispose d'une économie diversifiée ouverte sur l'extérieur, fondée sur des secteurs manufacturiers, agro-alimentaires et tertiaires dynamiques, à la différence des autres pays de l'espace où ces secteurs sont fébriles.

Durant la période sous étude, l'Ouganda affiche des taux de croissance toujours positifs car ce pays venait de sortir, dès 1986, d'une longue période d'instabilité politico-sécuritaire. Depuis cette année qui a vu l'accession au pouvoir de Yoweri Museveni, aucun conflit armé majeur n'a touché ce pays même si certains groupes rebelles menacent toujours le pays sur les frontières. Il est vrai que depuis cette période, l'économie ougandaise a une dynamique positive car bénéficiant des efforts de redressement et de reconstruction déployés au lendemain de la guerre en termes de réformes macroéconomiques, structurelles considérables ainsi qu'une politique d'ouverture aux investissements internationaux propice aux affaires. Aussi, sur toute la période considérée, l'Ouganda, considéré aujourd'hui comme le bon élève des Institutions Financières Internationales (IFI), enregistre-t-il une croissance moyenne de 6,9 %.

La Tanzanie, le seul pays qui n'a jamais connu ni guerre ni troubles socio-politiques, enregistre, durant toute la période sous étude, des taux de croissance positifs, bien qu'étant en moyenne faibles (3,41 %) pendant la décennie 1990. En effet, même s'il a toujours bénéficié de la stabilité politique et d'une cohésion sociale, ce pays qui, à l'origine, est gouverné par un régime politique d'inspiration socialiste, n'a pas toujours su capitaliser l'atout de la stabilité pour attirer les investissements directs étrangers (IDE).

Ces faits stylisés ainsi que les liens théoriques développés ci-haut nous incite à nous interroger sur l'effet de l'interaction entre les conflits civils et l'intégration économique régionale sur la croissance des pays de la RGL. Spécifiquement, nous nous proposons de répondre, dans le cadre de cette thèse, aux questions suivantes :

1) Quel est l'effet réciproque entre les conflits civils et le commerce régional dans la RGL ?
2) Quel est l'effet des conflits civils sur la croissance économique dans la RGL ? Y-a-t-il des effets qui débordement au-delà des pays directement touchés par les conflits ?
3) Quel est, enfin, l'effet de l'interaction entre les conflits civils et le commerce régional sur la croissance économique ?

L'objectif général de cette thèse est d'analyser les interactions entre les conflits civils, le commerce régional et la croissance économique des pays de la RGL.

De ce point de vue, les objectifs spécifiques de notre thèse consistent à :

1) évaluer l'effet réciproque entre les conflits civils et le commerce régional dans les pays de la RGL ;
2) dériver l'effet des conflits civils sur la croissance économique des pays de la région et mettre en évidence les externalités spatiales négatives de ces derniers ;
3) Envisager le commerce régional en tant que l'un des canaux de transmission des effets des conflits civils sur la croissance économique.

Pour atteindre nos objectifs et apporter des réponses à nos questions de recherche, nous partons des hypothèses suivantes :

Hypothèse 1 : Tandis que les conflits civils affectent négativement le commerce régional, ce dernier, contrairement à « la thèse du commerce pacificateur », peine à exercer un effet de dissuasion à leur résurgence. Cette hypothèse est fondée sur la thèse de Kabamba (2000) selon laquelle, les élites politiques des pays des grands lacs sont guidées par des principes axés sur la recherche perpétuelle de détentions de monopoles des moyens militaires et financiers nécessaires pour assurer leur maintien. Ce qui les empêche de prendre des décisions économiques et politiques objectives en vue de l'éradication d'un conflit réel ou latent.

Hypothèse 2 : Les conflits civils de la RGL impactent négativement la croissance économique des pays en guerre et exercent des externalités spatiales négatives sur la croissance économique des pays voisins. Cette hypothèse est inspirée de la thèse de Collier (1999) selon laquelle les conflits civils sont dévastateurs pour les économies des pays touchés. Nous présumons des effets spatiaux de ces conflits en raison des multiples phénomènes transfrontaliers qui caractérisent cette région tels que les liens ethniques, les flux de réfugiés et migratoires ainsi que la circulation, dans la région, des armes légères et de petits calibres. Cela veut dire qu'un conflit survenu dans un pays a toujours des répercussions sur les pays voisins, frontaliers ou régionaux.

Hypothèse 3 : Le commerce régional constitue l'un des canaux de transmission des effets négatifs des conflits civils sur la croissance. Cette hypothèse s'appui sur la littérature économique émergente sur le sujet qui suggère que les conflits, intra ou interétatiques, affectent les économies nationales à travers deux canaux : le canal domestique (direct) ainsi que le canal indirect de la globalisation, principalement le commerce (Blomberg & Hess, 2006).

A travers ces hypothèses, nous soutenons la thèse suivante : ***un conflit civil inhibe tout effort de développement du pays source et des autres pays voisins à travers ses effets sur le commerce régional.***

La présente thèse porte sur un échantillon de six pays de la RGL à savoir le Burundi, le Kenya, la RDC, le Rwanda, l'Ouganda et la Tanzanie. Les données utilisées dans cette thèse concernent la période qui s'étend de 1990 à 2010 ; cependant, en vue d'illustrer nos propos, nous convoquons, en cas de besoin, des faits qui se situent avant ou après cette période. Le choix de cet intervalle est guidé par la disponibilité des données, et le fait qu'en Afrique en général et dans la Région des Grands Lacs en particulier, les conflits civils ont connu une résurgence particulière à partir des années 1990 à la suite du courant de la démocratisation du continent qui a coïncidé avec la fin de la guerre froide et l'abandon du parrainage Est-Ouest.

Notre thèse est articulée en trois chapitres. Après une introduction générale qui contextualise et pose la problématique de notre thèse, le premier chapitre explore le lien entre le commerce régional et les conflits civils dans la RGL. Dans ce chapitre, notre analyse s'appuie, d'une part, sur l'économie politique des relations internationales qui préconise que l'intégration économique et commerciale régionale est de nature à promouvoir la stabilité à la fois externe et interne pour les Etats et, d'autre part, sur la littérature économique qui montre qu'un conflit armé interne à un pays est susceptible de porter un coup dur au commerce bilatéral entre ce dernier et ses partenaires commerciaux. De ce point de vue, notre démarche méthodologique s'appuie sur un modèle en équations simultanées pour adresser le problème de la causalité inverse entre les variables de commerce et de conflits civils.

Le second chapitre cherche à questionner l'effet des conflits civils sur la croissance économique des pays de la RGL en mettant un accent particulier sur les effets de débordement de ceux-ci. Pour ce faire, nous partons du cadre théorique de croissance néoclassique dans lequel nous intégrons les variables explicatives de conflit civil et de conflit civil spatialement retardés, spécifiés à l'aide d'une matrice d'interaction spatiale liée à la distance entre les capitales. Pour tester ce modèle, nous implémentons la Méthode des Moments Généralisés en Système (GMM system) capable de prendre en charge l'endogénéité éventuelle de certaines variables du modèle.

Le troisième et dernier chapitre analyse l'effet interactif des conflits civils et du commerce régional sur la croissance des pays de la RGL. En cela, l'objectif principal de ce chapitre est de voir si les conflits civils contraignent l'effet positif du commerce régional sur la croissance ou si ce dernier constitue le canal par lequel les conflits civils exercent un effet négatif sur la croissance économique des pays de la région. Pour cela, nous modélisons un modèle de croissance qui, en plus des variables de contrôle classiques, incorpore une variable interactive de conflit civil et de commerce régional. Là aussi, en vue de corriger une éventuelle endogénéité entre les variables, nous testons le modèle ainsi spécifié avec la Méthode des Moments Généralisés en Système (GMM System).

La thèse est bouclée par une conclusion générale qui revient sur les principaux résultats de notre recherche, la validation des hypothèses de départ ainsi que les recommandations en termes d'implications de politiques économiques.

Chapitre I. Les effets réciproques entre le commerce régional et les conflits civils dans les pays des Grands lacs africains

Introduction

L'économie politique des relatons internationales postule que l'intégration économique régionale permet de promouvoir la paix et la stabilité politique des pays qui s'engagent dans un processus d'intégration économique régionale. Ce courant libéral est inspiré de la thèse du « doux commerce » de Montesquieu (1748) et celle de la « paix démocratique » de Kant (1975). Depuis la fin de la deuxième guerre mondiale, cette conviction libérale est portée par certains faits stylisés des retombées pacifiques de l'intégration économique régionale, notamment en Europe (UE), en Amérique latine (MERCOSUR) et en Asie du sud-est (ASEAN).

Montesquieu (1748), le philosophe français, dans « *De l'esprit des lois* », soutient que l'effet naturel du commerce est de conduire à la paix car, dit-il, deux nations qui négocient ensemble se rendent réciproquement dépendantes et que si l'une a intérêt d'acheter, l'autre a intérêt de vendre (. . .). Dans le « *Projet de paix perpétuelle* », Kant (1975) lui aussi accorde une place de choix au commerce entre nations en tant qu'élément catalyseur de relations internationales apaisées. Les économistes classiques, Ricardo (1817) et Smith (1776), fervents défenseurs du libre-échange, ont vanté les retombées pacifiques du commerce entre nations. Les partisans de la thèse libérale soutiennent que le même mécanisme prévaut lorsqu'il s'agit de l'impact du commerce sur conflit interne. Les économies ouvertes disposeraient d'importantes relations commerciales, à la fois internes et externes, susceptibles d'être mises à mal par un conflit civil, ce qui fait que pour de tels Etats, le coût d'opportunité d'un conflit interne est élevé (Magee & Massoud, 2011). D'autre part, alors qu'on a toujours considéré que ce sont les conflits entre les Etats qui constituent une menace pour les relations commerciales bilatérales entre ceux-ci (Kensk, Pollins, & Reuveny, 2004 ; Glick & Taylor, 2005 ; Hegre, Oneal, & Russett, 2010), il est aujourd'hui avéré que même un conflit armé interne à un pays est susceptible de porter un coup dur au commerce bilatéral entre ce dernier et ses partenaires commerciaux (Bayer & Rupert, 2004 ; Long, 2008).

Presque tous les projets d'intégration régionale, de par le monde, comportent toujours un enjeu politico-sécuritaire, celui de promouvoir la paix et la stabilité de l'espace régional concerné. C'est le cas de la RGL, une sous-région qui a connu des périodes mouvementées depuis les années d'indépendance. En effet, l'Ouganda, l'Est de la République démocratique du Congo, le Burundi, le Rwanda ont été, depuis les indépendances, le théâtre des violences qui rendent compte des conflits qui s'enracinent dans un passé à la fois récent et lointain (Gahama, 2006). A la suite du génocide rwandais de 1994 les conflits armés de la RGL ont pris une dimension véritablement régionale.

Les conséquences de ces conflits sur les populations locales, en termes de meurtres, d'actes de pillage, des viols sur les femmes et des déplacements de population, ont suscité des initiatives de la part de la communauté internationale et régionale en vue de gérer et de prévenir des conflits à la fois locaux, nationaux et régionaux. C'est ainsi qu'en 2000, le Conseil de Sécurité des Nations Unies, à travers les résolutions 1291 et 1304, a appelé la tenue d'une CIRGL en vue de promouvoir la paix, la sécurité, la démocratie et le développement dans cette région ravagée par les conflits armés[5]. Il apparait clairement ici que l'idée selon laquelle l'intégration économique régionale peut contribuer à la promotion des relations de bon voisinage et pacifier la région est au cœur des initiatives régionales et internationales.

Face à cela et compte tenu du lien théorique entre commerce régional et conflit civil, la question que l'on est en droit de se poser est de savoir si l'intégration économique peut, dans la RGL, l'emporter sur les conflits armés qui y sévissent et ainsi promouvoir la paix, ou si au contraire, ce sont les mêmes conflits armés qui prennent en otage tout processus d'intégration économique pouvant être engagé dans la région. Concrètement, quel est l'effet réciproque entre l'interdépendance économique et l'occurrence des conflits armés dont sont victimes les pays de la région ? Pour apporter des éléments de réponse à ces questions, nous voulons, dans le cadre de ce chapitre prospecter le lien entre l'interdépendance économique et les conflits armés dans la RGL[6]. A cet effet, nous postulons deux hypothèses : **(i)**

[5] Par les résolutions 1291 du 24 février 2000 et 1304 du 16 juin 2000, le Conseil de sécurité des Nations Unies reconnaissait que la situation de guerre en RDC représente une menace pour la paix et la sécurité internationales, une idée qui fut à l'origine de la CIRGL, réunit 11 pays Angola, Burundi, République centrafricaine, RDC, Kenya, République du Congo, le Rwanda, le Soudan, la Tanzanie, Ouganda et la Zambie considérés comme étant directement impliqués au conflit en RDC.

[6] Bien qu'en Droit international humanitaire on fasse la distinction entre conflit armé interne et conflit civil, nous allons employer indifféremment les expressions « conflit interne », « conflit civil » et « guerre civile » pour désigner, à l'instar de Reid & Wayman (2010), une guerre interne ayant causé la mort d'au moins 1000 personnes.

que le commerce bilatéral peine à exercer un impact significatif sur la résurgence des conflits civils dans la RGL, mais que (**ii**) ceux-ci freinent plutôt l'intégration économique entre les différents pays de la région. Ne pouvant pas aborder dans le cadre de ce chapitre toutes les formes d'interdépendance économique, nous considérons dans la suite, le commerce bilatéral.

1.1. Relation théorique entre commerce régional et conflits civils

A travers certains courants de pensée sur le plan économique et dans le cadre des relations internationales, nous passons en revue, dans cette section, les relations théoriques entre le commerce régional et les conflits civils.

1.1.1. La thèse du commerce pacificateur de Ricardo-Montesquieu

L'idée que l'interdépendance économique est un élément catalyseur de paix entre nations commence avec la thèse du « *doux commerce* » qui se développe au 18ème siècle, dit siècle des Lumières, en réaction à l'exaltation de la violence guerrière des conquêtes monarchiques comme moyen d'accumulation des Etats. Cette thèse s'inscrit, de ce point de vue, dans une critique libérale à l'idéologie mercantiliste qui domine au 17ème siècle considérée comme une entrave au libre-échange. Les libéraux croient qu'il peut y avoir harmonie naturelle d'intérêts entre Etats et que le commerce est le moyen le plus efficace d'y parvenir. Ils prônent par conséquent la suppression des droits de douane, des quotas et autres formes d'ingérence dans les mécanismes de marché qui réduisent, selon eux, la prospérité, créent des tensions entre pays et augmentent la probabilité de la guerre. Les économistes libéraux, à l'instar de Ricardo (1817) et Smith (1776), seront les premiers à vanter les gains de l'échange entre nations et à prêcher les retombés pacifiques du commerce réciproque. Ils soutiennent de ce fait que l'élimination des barrières artificielles au commerce ne peut être que bénéfique pour créer un environnement international pacifique.

Alors que les économistes libéraux se posent en fervents défenseurs du libre-échange, les philosophes des Lumières et les « *idéalistes* » des relations internationales prêchent la paix par le commerce. Tout commence avec Montesquieu (1748) lorsqu'il soutient que le commerce guérit des préjugés destructeurs et adoucit les mœurs et que l'effet naturel du commerce est de porter à la paix. Kant (1975) ne rejette pas l'idée d'une prédisposition naturelle des nations à se faire la guerre, mais soutient que la paix est possible par la volonté politique des hommes, rendue possible par la morale et la raison. Car, dit-il, si la nature pousse les hommes à entrer en conflit avec leurs semblables, elle les réunit en leur faisant prendre conscience, au regard des effets destructeurs que crée leur instinct belliqueux, qu'il est préférable pour tous de renoncer à un usage immodéré de la force. Dans son argumentaire, Kant insiste sur les vertus pacificatrices du commerce entre nations qui crée des liens transnationaux favorables à la stabilité du système.

Dans le courant néolibéral contemporain, les auteurs des sciences politiques et des relations internationales ont porté la thèse du « commerce pacificateur » et de la paix par l'intégration (Polachek, 1980 ; Rosecrance, 1986 ; Pollins, 1989). A l'issue de la chute du mur de Berlin, Fukuyama (1993) ira plus loin en émettant la thèse de la fin de l'histoire, car, selon lui, la totalité de la planète étant désormais potentiellement « réglée » par les lois du marché, il ne saurait plus y avoir d'autre « Histoire » qu'une série de décisions gestionnaires sans heurts ni violence.

Sur le plan international, les partisans de la thèse de la paix libérale développent un certain nombre de mécanismes causals qui permettraient d'expliquer la façon dont le commerce et les autres formes d'interdépendance économique créent des conditions de paix entre nations. L'argument central repose sur l'idée que l'interdépendance commerciale crée des intérêts mutuels qu'il serait coûteux d'interrompre en choisissant de recourir aux stratégies de conflit (Polachek, 1980). C'est le coût d'opportunité de la guerre qui augmente en fonction de l'intensité des échanges et d'autres formes d'interdépendance économique entre deux pays partenaires. Le deuxième argument, qui sous-tend la thèse du commerce pacificateur et cher aux néo libéraux, consiste dans le fait que l'interdépendance promeut la communication et les contacts entre acteurs privés et publics, lesquels, à leur tour, faciliteraient l'établissement des relations politiques coopératives entre nations (Stein, 2003). C'est dire que les gains induits par l'ouverture commerciale rendraient opérateurs privés et consommateurs dépendants du marché « commun » et peu enclins à voir des antagonismes politiques se conclure par des interruptions de commerce néfastes à leur bien-être. Le troisième mécanisme repose sur la théorie du signal. D'après Gartzke & Li (2003), la guerre est plus la conséquence de problèmes d'information que de problèmes matériels. Les auteurs partent de l'hypothèse qu'un conflit est coûteux et que dans la plupart des cas, si deux parties belligérantes impliquées dans un conflit pouvaient négocier ex-ante l'accord qui clôt le conflit ex-post sans encourir les coûts du conflit lui-même, elles négocieraient cet accord sans entrer en guerre. C'est l'asymétrie d'information et/ou l'incertitude sur la répartition des coûts et des conséquences de la guerre qui expliqueraient alors pourquoi les Etats entrent en guerre et comment certaines guerres pourraient être évitées. Or le commerce entre deux pays partenaires constitue le révélateur par excellence du coût d'opportunité à encourir en cas d'escalade militaire.

Y-a-t-il un lien théorique entre le commerce international et les conflits domestiques ? Ce sujet a reçu moins d'audience dans les études théoriques et empiriques par rapport à la relation entre commerce international et conflits interétatiques. Alors que les courants théoriques mentionnés ci-haut ont été principalement développés pour rechercher des fondements de la paix internationale, les libéraux et les structuralistes discutent aussi des implications théoriques de l'ouverture commerciale sur la paix ou les conflits domestiques (Gissinger, Hegre, & Gleditsch, 2003). Les néolibéraux avancent que la libéralisation et l'ouverture de l'économie favorisent la stabilité interne d'un pays tandis que les structuralistes voient dans l'ouverture économique un facteur de promotion des inégalités et de déstabilisation. Nous présentons ci-après les arguments théoriques des uns et des autres.

1.1.2. Commerce et conflits internes selon les néo-libéraux et les structuralistes

Dans ce point, nous passons en revue les deux courants de pensée qui s'opposent quant à l'effet du commerce international sur la paix et les conflits armés.

1.1.2.1. L'effet du commerce sur les conflits interne selon les néo-libéraux

L'impact de l'ouverture sur les conflits internes est structuré dans ce que les néolibéraux qualifient de la « paix civile libérale ». En s'inspirant des théoriciens libéraux des conflits tels, (Gissinger, Hegre, & Gleditsch, 2003) résument le modèle libéral dans le schéma théorique suivant.

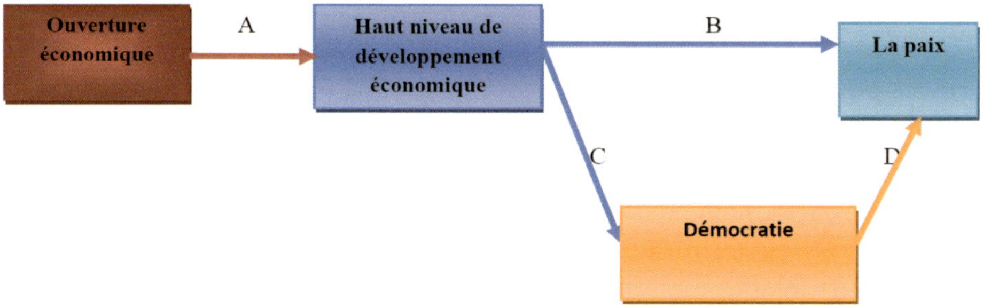

Figure 1 : Le modèle libéral de la relation entre commerce et conflits civils

Source : Adapté de Gissinger, Hegre, & Gleditsch (2003)

Selon ce modèle libéral, une économie ouverte conduit à un haut niveau de développement économique. En retour, le développement économique conduit à la paix, aussi bien directement que par le truchement de son impact sur la promotion de la démocratie, laquelle mène à la paix selon Kant. En effet, les économies ouvertes tendraient à expérimenter de hauts nivaux de croissance économique (Dollar, 1992 ; Levine & Renelt, 1992 ; Dollar & Kraay, 2004). Il en découlerait un niveau élevé de bien-être (A), que ce soit en termes de revenu par tête ou d'autres mesures telles que l'indice de développement humain ou la réduction du nombre de pauvres. Ensuite, les théories de la prédation (Collier & Hoeffler, 2004) soutiennent que les conflits pourraient s'expliquer soit par l'existence de griefs (un groupe ou une communauté qui aurait souffert de l'injustice du gouvernement qui déciderait de lancer une rébellion pour destituer ce dernier par les armes), soit par celle de l'avidité des rebelles. En se fondant sur la corrélation, réelle ou supposée, entre exportation de produits primaires et conflit, ils concluent qu'enfin de compte l'avidité des rebelles constitue la cause principale des guerres civiles car les rébellions naissent et s'installent dans la durée parce qu'elles sont financièrement viables. D'où la relation de cause à effet entre développement économique et paix (B) qui montre que le premier peut impliquer le second. A ce sujet, Collier & Hoeffler (2004) soutiennent que si le développement économique augmente, le coût d'opportunité individuelle pour s'engager dans une rébellion devient élevé. Pour les groupes rebelles, cela entraîne l'augmentation du coût de recrutement et diminue la viabilité financière d'une rébellion. Les auteurs ajoutent que les conflits civils sont susceptibles d'éclater dans les pays à fort taux de dépendance à l'exportation des produits primaires pour la simple raison que le contrôle de ces derniers constitue une source de revenu pour les organisations rebelles. Or, étant donné son impact sur la diversification des sources de revenu, le développement est censé diluer la valeur relative du revenu provenant de l'exportation des produits primaires, ce qui réduit encore une fois la viabilité financière des groupes rebelles. C'est pour cette même raison que Collier & Hoeffler (2004) et Fearon & Laitin (2003) affirment que les gouvernements des pays riches ont plus de chance d'endiguer les rébellions.

Le lien qui part du développement à la démocratie (C) relève de la théorie classique de la modernisation de Lipset (1959). Selon cette théorie, le développement économique est un préalable au développement des institutions politiques et à la l'avènement de la démocratie. Concrètement, Lipset soutient que le niveau de richesse, l'industrialisation, l'urbanisation et l'éducation sont des déterminants clés de la démocratie. Pris ensemble, ces facteurs sont susceptibles d'encourager le compromis, la tolérance et la modération politiques. Dans cette dynamique, l'accès aux ressources matérielles et politiques conjugué avec une grande diversité des institutions sont considérés comme des conditions préalables à une démocratie stable. Przeworski et al. (2000) montrent que la relation entre le développement et la démocratie peut se produire de deux manières : la démocratie est susceptible d'émerger dans les pays économiquement développés ou, ayant été mises en place pour une raison quelconque, les démocraties sont susceptibles de survivre dans les pays économiquement développés.

La relation qui part de la démocratie vers la paix (D) est relativement plus complexe. Les auteurs admettent que la démocratie est un vecteur de paix et de stabilité interne dans la mesure où, dans les pays démocratiques, les systèmes de prise de décision tendent à rencontrer l'assentiment de la population, de façon que le mécontentement n'est plus fréquemment exprimé sous forme d'opposition sérieuse au gouvernement. Les griefs, si d'aventure il y a, sont exprimés à travers des canaux du système politique avec une faible probabilité que cela puisse dégénérer en rébellion. A ce sujet, Reynal-Querol (2002) montre que tous les systèmes politiques n'ont pas les mêmes chances de conduire à la paix domestique. En substance, il soutient que, comparativement à un système démocratique de majorité, un système de représentation proportionnelle est susceptible d'endiguer les conflits sociaux pour au moins deux raisons : d'abord, le coût d'opportunité d'un conflit social est plus élevé dans un système de représentation proportionnelle que dans un système de majorité et, ensuite, le système de proportionnalité est plus efficace pour promouvoir différents groupes ethniques dans un pays ethniquement divisé. Cependant, il est aussi admis que la rébellion a peu de chance d'éclater dans un régime autoritaire sévère pour la simple raison que celui-ci réprime effectivement l'opposition et décourage toute naissance de la contestation. Ce qui fait que les niveaux élevés de conflits internes sont particulièrement présents dans des régimes intermédiaires ou semi-démocratiques (Hegre, Ellingsen, Gates, & Gleditsch, 2001).

Ainsi, selon les libéraux, la même logique sous-tendant la relation entre commerce et paix à l'échelle internationale prévaut lorsqu'il est question de conflits domestiques. Sur ce point, la théorie libérale avance un certain nombre d'arguments. D'abord, une économie ouverte dispose de beaucoup de relations commerciales pouvant être mises à mal par le conflit civil, ce qui fait que le coût d'opportunité d'un conflit interne devient élevé. Donc, il est possible que les coûts anticipés liés à la perte des échanges dissuadent les Etats très interdépendants de s'engouffrer dans les guerres civiles (Magee & Massoud, 2011). Ensuite, le commerce extérieur d'un pays est censé promouvoir le développement économique, lequel devrait contribuer à la paix interne (Gissinger, Hegre, & Gleditsch, 2003). En effet, l'amélioration des conditions économiques consécutive au développement permis par le commerce extérieur devrait éroder les motivations pour les individus de s'engager dans les rébellions, rendant du coup difficile le recrutement des combattants pour les chefs de guerre. Soulignons, à toutes fins utiles, que cette logique procède de la thèse de Collier selon laquelle la cause majeure des conflits civils est l'avidité ou la prédation. Ceci serait en particulier vrai dans les pays à fort dépendance en matières premières exportables, dans la mesure où celles-ci deviennent un objet d'attraction et de convoitise pour les groupes rebelles et les chefs de guerre. Il faut reconnaître cependant que, même dans les pays ou zones riches en ressources naturelles exploitables, dire que des rébellions sont toujours motivées par la seule avidité/prédation relève, à notre sens, d'une analyse tronquée et simplificatrice de la réalité. Ainsi que le disent Marchal & Messiant (2002), la guerre civile analysée sous le seul angle d'avidité/prédation est un conflit qui n'apparaît jamais dans sa durée, ses lieux, ses protagonistes et ses objectifs éventuellement changeants. Elle n'est nullement considérée comme un processus complexe impliquant un système politique, une économie et une société, comme productrice de recompositions sociales, voire ethniques ou étatiques. De l'avis de ces auteurs, cela revient en effet à considérer le gouvernement comme étant toujours le représentant du peuple, toujours légitime et par essence jamais fauteur de guerre civile, ne faisant que réagir et se défendre. De ce point de vue, il s'agit d'un modèle qui veut exclure l'histoire et les réalités sociales et politiques des terrains de conflits. Certes, dans les pays ou régions riches en ressources naturelles exploitables, les rébellions sont le plus souvent entretenues et financées par ces ressources. Elles enrichissent les chefs de guerre pour lesquels l'exploitation, la taxation des ressources et les activités de contrebande deviennent un enjeu majeur de la guerre. Mais toujours est-il qu'à l'origine, chaque conflit naît toujours de griefs et revendications sociopolitiques réels et observables.

Le troisième mécanisme par lequel le commerce extérieur est censé réduire les conflits internes est que celui-ci est susceptible de réduire les inégalités et le contrôle de l'Etat par l'élite au pouvoir. Cela est rendu possible par le fait que lorsque le commerce international s'accroît, elle suscité des opportunités de création de richesse et l'élite au pouvoir n'est plus obligée de s'accrocher au pouvoir pour s'enrichir, ce qui atténue les griefs politiques à l'origine des conflits civils. Cependant, la capacité du commerce international à réduire les inégalités sociales est aussi contestable. Nous y revenons ci-après dans les thèses des structuralistes, des marxistes et des théoriciens de la dépendance.

Enfin, Gissinger, Hegre, & Gleditsch (2003) montrent que le commerce entre deux Etats voisins peut impacter négativement les conflits civils dans la mesure où le degré d'incitation des Etats à soutenir tel ou tel groupe armé de leur voisin est, dans une large mesure, fonction de la sympathie ou de l'antipathie qu'ils éprouvent envers le régime en place dans ce pays. Or le commerce se révèle être un bon indicateur observable de la compatibilité entre les Etats. Cela semblerait d'autant plus vrai que, même si plusieurs études sur les effets des relations internationales sur les conflits civils se penchent sur les liens globaux, l'impact est, selon ces auteurs, censé provenir plus des pays voisins. Ainsi, le niveau des liens économiques avec les Etats proches semble être l'indicateur le plus approprié des coûts d'un conflit civil et d'incitations à résoudre les conflits par des voies non-violentes. L'hypothèse libérale laisse ainsi penser que plus l'intégration commerciale avec ses pays voisins est d'un degré élevé, moins élevé sera le risque pour un pays de connaître une guerre civile.

1.1.2.2. Ouverture commerciale et conflits internes selon les structuralistes

Le courant structuraliste, dont la pensée est résumée dans le schéma ci-après, défend le point de vue contraire à celui des libéraux. Ils affirment que l'ouverture économique conduit aux conflits internes de la façon suivante.

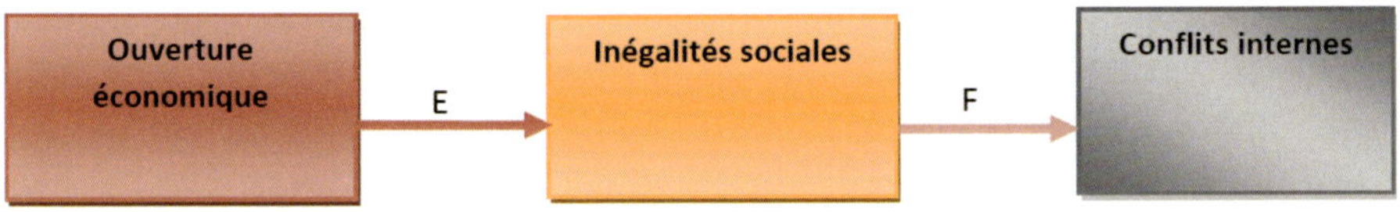

Figure 2 : Le modèle structuraliste de la relation entre commerce et conflits civils

Source : Adapté de Gissinger, Hegre, & Gleditsch (2003)

Pour les structuralistes, la pénétration du commerce et du capital étranger dans les économies périphériques conduit à l'exploitation des ressources naturelles et humaines locales et au transfert des profits dans les centres impériaux. Ce processus conduisant à l'appauvrissement, aux inégalités et à l'injustice. La production essentiellement centrée sur les matières premières dans les pays pauvres empêche toute émergence de compétences et de savoir-faire, ce qui maintient l'économie dans l'exportation des matières de base. Des liens mafieux se tissent entre l'élite du pouvoir local et les groupes d'intérêts étrangers. Ceci conduit en retour à l'inégalité de revenu dans les pays pauvres. La spécialisation dans la production et l'exportation de matières premières va entretenir des niveaux élevés d'inégalités et à détériorer le bien-être social.

Selon ce courant, le principal mécanisme par lequel le commerce conduit aux conflits civils est le fait des inégalités créées à travers l'ouverture commerciale et la globalisation (E). A l'instar des tiers-mondistes actuels, les structuralistes soutiennent que le développement permis par le commerce n'est pas du tout équitable et peut susciter des conflits (F) à travers l'exploitation, les sentiments de privation, les luttes de classes et les crises économiques (Magee & Massoud, 2011). Cela serait particulièrement vrai dans les pays dépendant de l'exportation des produits primaires. A ce sujet, Gissinger, Hegre, & Gleditsch (2003) montrent que les pays qui exportent des produits primaires profitent moins de l'ouverture commerciale en termes d'impact sur la réduction de l'occurrence des conflits civils dans la mesure où cela se traduit le plus souvent par la hausse des inégalités susceptibles de dégénérer en conflits armés. Qui plus est, la pénétration du commerce international et des IDE dans les économies périphériques entraîne, selon les structuralistes, l'exploitation des ressources humaines et naturelles locales ainsi que le transfert du profit vers les centres impériaux, ce qui a pour conséquence l'appauvrissement, l'inégalité et l'injustice. La production des matières premières dans les pays pauvres ne permettrait pas de susciter les compétences et maintiendrait l'économie dans une position de simple exportateur de matières. Enfin, des liens sont tissés entre le pouvoir local et les intérêts étrangers, un phénomène de nature à exacerber les inégalités de revenu dans les pays pauvres. En effet, dans ces pays, l'économie minière est souvent nourrie et structurée par des intérêts locaux et régionaux en contact avec les acteurs du marché international et des logiques géostratégiques. De ce point de vue, l'économie minière est une économie conflictuelle particulièrement opaque de nature à alimenter des mécontentements sociaux, ethniques et régionaux. Toute chose qui entraîne la déchirure sociale qui finit par dégénérer en conflit civil.

La thèse des structuralistes selon laquelle le commerce international est source d'inégalités et de conflits civils est partagée par les théoriciens de la dépendance (Galtung, 1969 ; Gunder, 1977 ; Amin, 1974). Les versions récentes de ce courant théorique considèrent aussi les investissements directs étrangers (IDE) comme un autre canal privilégié de l'exploitation de la périphérie par le centre. Cependant, les théoriciens de la dépendance situent leur argumentaire dans une perspective purement différente : la perspective historique de la domination du capitalisme global sur les périphéries qui s'est amorcée avec l'ère coloniale. Ils avancent en effet que le sous-développement des pays du sud est le produit de relations historiques qui, à un moment donné, ont été développées entre deux entités socioéconomiques, l'une devenant, par la suite, une nation dépendante, et l'autre une nation dominante. Ce faisant, dans sa forme la plus radicale, la théorie de la dépendance constitue une remise en cause fondamentale de la thèse de la paix libérale. Les théoriciens de la dépendance avancent en effet que la thèse de la paix libérale et l'éloge du libre-échange ne sont qu'un instrument idéologique au service des intérêts des pays développés et de leur bourgeoisie (Gunder, 1977 ; Amin, 1974). Pour ces théoriciens, les pays en développement subiraient une influence du capitalisme global qui les maintient dans une position de dépendance. Par conséquent, le système capitaliste, loin de promouvoir la paix, maintiendrait les pays en développement dans une position de subordination politico-économique, à telle enseigne que des conditions, décisions ou politiques économiques importantes, en vigueur dans les pays du sud, sont couramment influencées par des décisions ou mesures économiques prises dans les pays du nord. Pour les tenants de cette thèse, la pauvreté, l'instabilité politique et le sous-développement des pays du sud sont la conséquence du processus historique mis en place par les pays du nord ayant comme résultat la dépendance économique des pays du sud. Ainsi, Gunder (1977) montre que l'irruption des régimes militaires, la violence, la paupérisation, la corruption ne sont pas de simples étapes malheureuses sur la voie du développement politique, mais le produit de la dépendance vis-à-vis de l'impérialisme.

La dépendance économique se manifeste par diverses formes intimement liées : la dépendance commerciale, la dépendance technologique et la domination des intérêts étrangers dans l'exploitation des ressources économiques nationales. Concernant le premier aspect, les théoriciens de la dépendance révèlent que dans le système du capitalisme mondial, les échanges commerciaux sont foncièrement inégaux et profitent aux pays développés. A ce sujet, Amin (1974) montre clairement que les pays capitalistes ont le pouvoir d'imposer les conditions d'échange inégales et inéquitables aux pays du sud et que, de ce point de vue, le marché international œuvre en défaveur de ces derniers. Ainsi, il montre que le blocage du processus d'accumulation au Sud et les disparités croissantes entre les économies du Sud et celles du Nord s'expliquent par l'échange inégal qui structure l'extension mondiale du système de production capitaliste. De son côté, Gunder (1977) souligne que le monopole exercé par les économies développées fait que les prix des produits agricoles et les autres produits de base vendus par les pays du tiers monde baissent relativement aux prix des produits industriels vendus par les pays développés. Cela entraîne la détérioration des termes de l'échange en défaveur des pays du tiers-monde, ce qui implique que ceux-ci paient excessivement cher les produits importés des pays développés. Ce mécanisme est renforcé par la désarticulation des économies du sud, c'est-à-dire l'absence d'interconnexion entre les différents secteurs productifs des pays du sud, cela étant dû au fait que les systèmes productifs des pays de la périphérie sont, depuis la période coloniale, orientés vers les besoins du centre. Ce qui limite la transmission des revenus d'un secteur économique à un autre dans la périphérie et consacre la désarticulation des économies du sud (Amin, 1986). Un autre style de dépendance commerciale résulte de ce qui est appelé la spécialisation internationale où les pays du sud sont condamnés à jouer le rôle d'exportateurs de matières premières et produits agricoles, toute chose à l'origine de l'extraversion des économies du sud.

Samir Amin indique que le mécanisme fondamental de l'échange inégal se trouve dans la structure de la rémunération du travail. A ce sujet, il dit que l'analyse des échanges entre les pays avancés et les pays en développement conduit à l'observation que l'échange est inégal au moment où le travail de la même productivité est rémunéré à un taux faible dans la périphérie tel qu'il est le cas aujourd'hui (Amin, 1974). Pour Samir Amin, la surabondance de la main-d'œuvre dans les pays du sud n'est pas un effet du hasard, mais plutôt le fruit d'une politique de domination. Les classes dominantes dans la périphérie, toujours alliées à celles du centre et profitant de l'exploitation de leur propre pays, stimulent la création d'un « prolétariat inemployé » pour que les salaires puissent diminuer et, étant donné un certain niveau de productivité, que le taux de surplus puisse augmenter. Or, lorsque les salaires diminuent, les prix des biens baissent aussi. Sous l'hypothèse d'une égale productivité des travailleurs dans le centre et dans la périphérie, une quantité donnée de la valeur (ou un certain nombre d'heures de travail) peut être obtenue par le centre avec moins d'argent que si la valeur avait été réalisée chez eux. Ainsi, le mécanisme central qui contribue au processus de l'accumulation à l'échelle mondiale est, selon lui, le transfert de la valeur, de la périphérie vers le centre.

La spécialisation internationale qui condamne aujourd'hui les pays du sud à n'exporter que les matières premières les expose à un autre type de dépendance : la domination des intérêts étrangers dans l'exploitation des ressources nationales. Telle est l'une des formes de dépendance qui alimente dans beaucoup de pays africains l'instabilité et les conflits militaires. Cette forme de dépendance s'explique par le fait que dans beaucoup de pays de l'Afrique Subsaharienne (ASS), les multinationales qui œuvrent dans l'exploitation et l'exportation des ressources naturelles (bois, pétrole, minerais) viennent du nord et servent les intérêts géostratégiques des puissances capitalistes (Matungira, 2013). Dans le cas de la RDC, l'auteur note que l'impression qui se dégage dans la mise en perspective historique de la guerre des minerais, c'est que les partenaires bilatéraux et multilatéraux du Congo voudraient profiter de la déliquescence de l'Etat congolais pour arracher rapidement des concessions inacceptables dans un Etat normal, afin de garantir leurs intérêts dans l'avenir. Une politique qui n'a rien à voir avec celle de promotion des investissements directs étrangers dans une perspective de développement du pays en question, mais qui relève plutôt d'une stratégie des puissances extérieures et de leurs multinationales, pour élargir leurs affaires dans un terrain et un climat de pillage international. Or la conséquence d'une telle forme de dépendance est que les dividendes distribués, les combinaisons techniques de production, la croissance, les politiques de l'emploi sont, en réalité, fortement déterminées par l'extérieur. Ce faisant, les pouvoirs publics d'un pays dépendant sont, en réalité, incapables de prévoir, de gérer et d'orienter l'activité économique suivant un itinéraire choisi d'une manière endogène. Dans une telle situation, les mesures que ces autorités pourraient envisager de mettre en œuvre, à travers une manipulation de variables économiques telles que les salaires, la politique budgétaire, le taux d'intérêt, ne sauraient produire suffisamment les résultats mérités. L'explication de ces contreperformances tient au fait que la plupart des variables économiques du pays dépendant sont déterminées de l'extérieur. Dans de telles conditions, le souhait des pouvoirs publics de remédier à la pauvreté populaire, d'enrayer les disparités économiques régionales ne saurait se réaliser. Tant que sont maintenues les relations externes d'exploitation, l'économie dépendante est donc condamnée à la stagnation et au sous-développement, plongeant le pays concerné dans des cycles de violence et de dépendance qui s'alimentent mutuellement.

La domination des intérêts étrangers dans l'exploitation des ressources nationales est bien illustrée par Kankwenda (2005), un phénomène qu'il désigne sous le vocable « prédatocratie ». A travers ce néologisme, Kankwenda veut dénoncer un système international de prédation des ressources naturelles opérant par le système marchand de développement (SMD), la fabrication des régimes politiques et leur soutien multiforme et surtout une vision stratégique des intérêts propres des puissances extérieures opérant à travers ce que l'auteur appelle la prédatocratie. A cet effet, Kankwenda identifie une multiplicité d'acteurs internationaux de prédation, dont les modes d'intervention passent par les dimensions politique, militaire, économico-militaire et les diverses modalités de vente des produits et services de développement.

La première catégorie d'acteurs est faite principalement des puissances occidentales en tant que gouvernements ou partenaires bilatéraux. Selon l'auteur, les concurrences ou compétitions entre ces puissances ne manquent pas, ce qui a pour effet d'alimenter parfois des situations de crises et de conflits armés dans les pays concernés, des concurrences et compétitions qui prennent souvent la forme de parrainage des régimes et acteurs politiques en vue d'asseoir le système de prédation à leur profit. Si la situation de guerre froide a souvent justifié ce type de parrainage, celui-ci a permis et permet encore aux puissances occidentales de participer à l'exploitation et au pillage des ressources importantes et parfois stratégiques dont regorgent certains pays en développement.

La seconde catégorie d'acteurs est faite d'institutions financières internationales (IFI) et autres organisations multilatérales de financement comme les institutions de Bretton Woods et le Fonds Européen de Développement. Le système de prédation de ces acteurs passe par le fait de financer des « projets bidons » qui auront été étudiés techniquement par leurs services ou par des bureaux d'études qu'ils ont financés. Dans bien des cas, ces acteurs prennent aussi le soin de participer sinon de décider du choix de l'entreprise occidentale ou du consortium d'entreprises occidentales chargées d'exécuter les projets. Or, de cette façon, le financement devient profitable à ces entreprises (à travers des contrats juteux), à ceux qui ont prêté les fonds et aux membres de la prédatocratie locale aux dépens du pays en question et de sa population. Par ailleurs, le soutien économique et financier des IFI a toujours été déterminant pour l'aide financière des autres acteurs de la première catégorie, ce qui témoigne d'une sorte de connivence entre les premiers et les seconds.

La troisième catégorie de prédatocrates est composée de différentes branches de sociétés privées. En plus des entreprises étrangères citées ci-dessus qui gagnent des contrats de réalisation des « projets bidons » et des contrats commerciaux, Kankwenda (2005) évoque le cas particulier des industriels qui établissent des réseaux et filières de prédation depuis l'exploitation jusqu'à leurs usines, avec toute une série d'intermédiaires, agents commerciaux, transporteurs, banques, organisations militaires ou semblables, pour assurer l'approvisionnement en matières premières pillées par les voies officielles ou non officielles. L'auteur montre enfin que les banques occidentales constituent un grand sous-groupe de prédateurs dans ce système dans la mesure où les opérations financières passent par lesdites banques qui contrôlent les différentes transactions financières relatives au système de prédation et accueillent par ailleurs les fonds pillés.

1.1.3. L'effet négatif des conflits civils sur le commerce régional

Pour appréhender théoriquement l'impact négatif des conflits civils sur le commerce régional, nous nous appuyons sur les travaux de Bayer & Rupert (2004), Long (2008) et Blomberg & Hess (2006) qui en établissent les fondements théoriques. Bayer & Rupert (2004) montrent que les conflits civils affectent négativement le commerce bilatéral pour au moins trois raisons. Ces auteurs montrent d'abord que, durant les périodes de conflit civil, les performances économiques des pays touchés diminuent fortement (Collier & Hoeffler, 1999 ; Stewart, Huang, & Wang, 2001). Il en résulte un impact négatif sur le commerce bilatéral, étant donné que le modèle de gravité prédit que la taille économique (niveau de PIB) d'un partenaire est l'une des variables clés qui déterminent le niveau de commerce entre pays.

Dans le même temps, le risque lié au commerce augmente en raison des troubles et l'instabilité directement associés aux conflits civils. Ce risque va de la perturbation des échanges eux-mêmes à la peur des commerçants pour leur propre vie. A tel point que, souvent, ceux qui parviennent à continuer le commerce sont obligés de coopérer avec les rebelles ou avec les troupes qui combattent ces derniers pour tenter d'acheter leur protection sur les voies routières et ferroviaires (Mwanasali, 2000). Or, financer les troupes d'un côté, quelque soit l'ampleur de ce financement, est de nature provoquer la haine et la colère de la partie adverse. Ce qui n'est pas de nature à favoriser un environnement viable pour le commerce bilatéral, surtout que les rebelles combattent souvent sur les frontières. En plus de la crainte pour leur propre vie, les commerçants, pendant la guerre civile, éprouvent des problèmes supplémentaires tels que le non respect des droits de propriété et des contrats.

Enfin, l'instabilité induite par le conflit civil a des conséquences sur le fonctionnement du pays et les infrastructures de base. Il est possible que la communication soit moins fiable et plus chère et que les infrastructures de transport soient difficilement touchées. Comme le commerce implique le transport sûr de marchandises, celles-ci constituent une proie facile pour les différentes factions qui combattent dans le pays, y compris les institutions qui sont supposées maintenir la sécurité dans les conditions normales. Tout cela implique que le coût de transporter les marchandises d'une partie du pays à une autre augmente (Bayer & Rupert, 2004).

Long (2008), à partir des fondements micro-économiques du modèle de gravité, montre comment les conflits armés, domestiques et interétatiques, diminuent la rentabilité commerciale pour les firmes et la capacité des consommateurs à importer. Il montre en plus que les anticipations de conflit diminuent le commerce bilatéral.

Soit la fonction suivante qui corrobore le modèle de gravité simplifié :

$$P_{ij}X_{ij} = (Y_i)^{\beta 1}(Y_j)^{\beta 2}(C_{ij})^{-\beta 3}(T_{ij})^{-\beta 4} \tag{1.1}$$

Où $P_{ij}X_{ij}$ est la valeur des exportations du pays i vers le pays j, Y_i le revenu du pays exportateur, Y_j le revenu du pays importateur, C_{ij} le coût de transport de biens du pays i vers le pays j, T_{ij} le tarif douanier pour les biens du pays i entrant dans le pays j, $\beta 1$ et $\beta 2$ des paramètres spécifiant la relation positive entre les revenus nationaux et le commerce bilatéral et $-\beta 3$ et $-\beta 4$ les paramètres spécifiant la relation négative entre le commerce bilatéral et, respectivement, les coûts de transport.

A partir de ce modèle de gravité simplifié, l'auteur analyse comment le conflit, civil ou interétatique, et les anticipations de conflits pourraient affecter le commerce bilatéral. Le conflit pourrait affecter les profits des firmes et la demande des importations pour les consommateurs à travers deux mécanismes, un direct et un autre indirect. Premièrement, le conflit impacte négativement le commerce international à travers la destruction du matériel et des infrastructures dédiés au commerce (les ports, aéroports, les équipements de transport et de communication, etc.). En plus, les employés et les partenaires d'affaires qui gèrent et conduisent les échanges commerciaux, pour ne pas risquer leur vie, fuient ou cessent de fréquenter le pays en conflit. Par ailleurs, la destruction des actifs et le risque encouru par les employés à cause de la guerre peuvent avoir des conséquences fâcheuses sur la croissance économique, réduisant du même coup la production des exportations et la consommation des importations. Deuxièmement, le conflit influence indirectement le commerce à travers l'instabilité et le risque induits. Alors que les changements des politiques commerciales sont en principe le résultat de lobbying par les producteurs locaux en vue de se protéger contre la compétition étrangère, des bouleversements dans l'environnement des affaires peuvent résulter des conflits civils ou interétatiques. Il pourrait s'agir de l'expropriation des actifs pour les firmes, la confiscation des biens commerciaux, les sanctions économiques, l'embargo par ou contre le pays, des restrictions commerciales et enfin, la suppression des droits politiques, économiques et civils qui peuvent frapper certains citoyens en cas de conflit civil. Entre en jeu aussi l'inconvertibilité de la monnaie, c'est-à-dire la difficulté de changer la monnaie locale contre les devises étrangères, qui frappe souvent les pays touchés par la guerre civile. Par ailleurs, les conflits menacent la stabilité des institutions politiques chargées de réguler le marché et de faire respecter les contrats. En effet, un conflit peut rendre les institutions incapables de fonctionner en tant que garant des contrats commerciaux. Un conflit peut rendre des institutions incapables de fonctionner comme garants de contrats commerciaux. Enfin, Long (2008) montre que l'ombre d'un conflit armé, c'est-à-dire le risque d'un conflit futur, peut réduire le commerce bilatéral. En particulier, la hausse des anticipations d'un conflit domestique ou interétatique signifie, pour les firmes, l'augmentation des coûts de transport, de transaction et de production, réduisant de fait l'offre d'exportation pour ces dernières. En cela, l'auteur montre que le commerce bilatéral reflète en quelque sorte le risque de conflit plus ou moins élevé perçu par les firmes commerciales pour un pays donné. Et que les pays qui misent sur le commerce extérieur en tant qu'instrument de croissance devraient promouvoir la paix à la fois interne et externe. A contrario, les leaders politiques qui mettent en avant la rhétorique hostile de va-t-en-guerre plombent leur potentiel commercial puisque les firmes commerciales voudront éviter les risques qui pourraient potentiellement perturber, dans le futur, leur capacité à générer des profits sur le commerce.

Blomberg & Hess (2006) montrent que la violence armée nuit à l'économie réelle de la même manière que n'importe quel autre coût commercial. En particulier, ils montrent que le conflit externe, le conflit interne ou le terrorisme international survenu dans un pays A accroit les coûts commerciaux avec ce pays de façon que le pays B sera poussé à s'approvisionner localement ou dans un autre pays voisin plus pacifique. Ce qui conduit, toutes choses égales par ailleurs, à la chute du commerce bilatéral entre les pays A et B. Ainsi, pour ces auteurs, la violence armée déforme les tarifs commerciaux et qui limite les bénéfices du libre-échange.

1.2. Revue de littérature empirique sur le lien commerce-conflit civil

Peu de travaux se sont penchés sur le lien entre le commerce international et les conflits civils. Quelques travaux ont estimé l'impact des conflits civils sur l'ouverture commerciale ou les échanges commerciaux. D'autres analysent l'effet inverse, celui du commerce sur l'occurrence des conflits civils. Une seule étude, celui de Magee & Massoud (2011), s'est penchée sur l'impact réciproque entre commerce et conflits civils.

Bayer & Rupert (2004) se proposent d'étudier les effets d'un conflit civil survenu dans un pays sur les échanges avec ses partenaires commerciaux. Les auteurs se basent sur un ensemble d'effets économiques des guerres civiles tels que la réallocation du revenu qui privilégie les dépenses militaires suite au déclanchement d'une guerre civile, le capital financier et social qui fuit le pays, etc. Et considérant que, selon les prédictions du modèle économique de gravité qui renseignent que la taille de l'économie du pays partenaire est l'un des éléments clés qui déterminent le degré des échanges bilatéraux entre pays, ils postulent l'hypothèse que les guerres civiles conduisent à la diminution des échanges bilatéraux. Les auteurs appliquent leur hypothèse sur un échantillon de 120 pays pour la période de 1950-1992 dont l'unité d'analyse est constituée d'une dyade non orientée annuelle. Les résultats obtenus avec la méthode des MCO révèlent que les guerres civiles ont effectivement un impact négatif sur le commerce bilatéral.

Blomberg & Hess (2006) font une étude de l'impact de la violence armée sur les flux commerciaux, en comparaison à d'autres formes d'obstacles commerciaux. Ils se basent sur un ensemble de données de panel avec des observations annuelles de 177 pays sur la période 1968-1999. Ils considèrent toutes les formes de violences armées (le terrorisme, les conflits armés internes et externes) et prennent appui sur le modèle théorique de gravité. Ils trouvent que l'effet de la présence du terrorisme, d'un conflit armé interne ou externe sur le commerce est négatif et équivaut à un tarif de 30 % sur le commerce.

En plus de l'analyse théorique mentionnée plus haut, Long (2008) procède par une analyse empirique de l'impact des conflits civils sur le commerce bilatéral entre deux partenaires commerciaux lorsque l'un d'eux est victime d'un conflit armé. Il opérationnalise les anticipations de conflits armés à l'aide de l'indicateur de prévision du risque politique pour les firmes de « PRS Group » et de la mesure des rivalités stratégiques de Thompson (2001). Les tests statistiques effectués sur 16.496 dyades orientés de pays pour la période 1984-1997 renseignent, conformément aux hypothèses qu'il avait postulées, sur trois manières dont les conflits réduisent les échanges bilatéraux : (i) la présence d'un conflit interne dans chaque pays partenaire, (ii) un conflit interétatique entre un des partenaires et un pays tiers, et (iii) un conflit interétatique entre deux partenaires commerciaux. Les résultats renseignent en outre que l'anticipation de chacun de ces situations a le même effet de diminuer les échanges bilatéraux.

De l'avis de Bah & Tapsoba (2010), même si les guerres civiles sont des conflits intra-étatiques, celles-ci exercent un impact sur les pays voisins et peuvent être une source de déstabilisation régionale qui entrave la croissance économique régionale. C'est dans ce sens que les auteurs analysent les conséquences potentielles de conflits civils sur le succès de l'intégration économique régionale entre les pays africains. Les résultats de leur étude renseignent que les conflits civils affectent la performance économique des communautés économiques régionales principalement par l'impact négatif de ces derniers sur le degré de synchronicité des cycles économiques et l'intensité des échanges intra-régionaux. De ce point de vue, leur étude fournit la preuve que les événements politiques intra-étatiques constituent une contrainte majeure qui entrave, en Afrique, les performances des Communautés économiques régionales (CER).

Jaimovich & Kamuganga (2012), par une méthode de l'analyse à la marge, ont voulu mettre en évidence l'impact des guerres civiles sur le commerce extérieur en Afrique. Leur but était de voir si la fin d'une guerre civile s'accompagne d'une relance de nouvelles exportations. A partir d'un échantillon de données désagrégées de commerce bilatérale pour 5000 produits que 47 pays africains exportent vers 191 destinations potentielles de par le monde, sur la période de 1995 à 2009, les auteurs constatent que la probabilité d'exporter un nouveau produit vers une nouvelle destination est une fonction croissante des années de paix. Ils trouvent aussi des externalités positives sur les pays voisins dans ce sens que la probabilité d'exporter un nouveau produit est fonction du nombre d'années post-guerre civile du pays de destination. Ils en viennent à conclure qu'en Afrique, la pacification est un important déterminant de la diversification des exportations et que la paix est un ingrédient majeur d'intégration régionale.

Couttenier & Vicard (2012), en cherchant à analyser l'impact du commerce extérieur sur la croissance économique de certains pays enclavés, partent de l'hypothèse qu'un conflit civil, touchant un pays peut impacter la croissance de son voisin par deux voies : soit directement à travers l'insécurité et les flux de réfugiés et indirectement par la réduction de son commerce extérieur. Pour ces auteurs, le second canal est particulièrement plausible pour les pays enclavés dont les voisins en guerre leur servent de transit pour leur commerce extérieur. Dans un tel cas, un conflit civil survenu dans le pays de transit réduirait, non seulement le commerce bilatéral entre les deux voisins, mais aussi le commerce du pays enclavé avec le reste du monde. En considérant un échantillon de certains pays de l'Afrique subsaharienne situés entre la cote indienne et la cote atlantique, les auteurs trouvent effectivement qu'un conflit survenu dans l'un des pays de transit impacte négativement son commerce bilatéral avec son voisin enclavé et, pour ce dernier, le commerce avec le reste du monde.

Qureshi (2013) abonde dans le même sens que les auteurs précédents et montre que les effets des conflits civils sur le commerce peuvent s'étendre au-delà du pays victime de guerre ou de son partenaire commerciale. L'auteur considère un panel de 160 pays sur pour la période 1948-2006 et utilise des données de commerce bilatéral et différentes variables de conflit construites à partir des définitions alternatives de contiguïté. En implémentant différentes techniques économétriques, il trouve que les conflits, internes ou interétatiques, infligent d'importants dommages collatéraux en termes de destruction de commerce international. Ses résultats révèlent que le commerce bilatéral entre les pays voisins décroit de 12 % lorsque l'un des pays est frappé par une guerre et de 4 % lorsqu'un conflit armé touche le voisin de l'un des partenaires commerciaux (sans que ces derniers soient eux-mêmes directement touchés par ce conflit).

Pendant que la littérature converge quasiment sur l'effet inhibiteur des conflits civils sur le commerce, Maher (2015), en s'appuyant sur le cas du secteur de l'huile de palme colombien, soutient qu'un conflit civil peut aussi faciliter le commerce international. En effet, dans ce cas d'espèce, la violence perpétrée par les forces armées publiques colombiennes et les groupes de paramilitaires aurait permis au secteur de l'huile de palme de pénétrer le marché mondial et d'être compétitif. Cette expansion ayant été rendue possible, d'une part, par les déplacements forcés de la population dont les terres abandonnées ont permis l'acquisition de vastes étendues (estimées à 13 % des terres arables colombiennes) pour la culture du palmier. D'autre part, la violence à l'endroit des associations civiles jugées profondément hostiles à l'expansion du secteur de l'huile de palme a rendu possible la diminution considérable des coûts salariaux à cause d'une grande précarité des conditions de travail. Tout cela aurait permis au secteur de l'huile de palme colombien de gagner en compétitivité sur le marché international.

D'autres travaux ont cherché à mettre en évidence l'effet inverse, celui du commerce international ou de l'ouverture commerciale sur la probabilité d'occurrence des conflits civils. Gissigner, Hegre, & Gleditsch (2003), dans le but de tester la plausibilité des modèles libéral et structuraliste, utilisent la régression de Cox pour estimer l'effet des variables reflétant la globalisation sur le risque d'occurrence de conflit civil. Pour capter la globalisation, les auteurs se servent de l'ouverture commerciale (Trade/GDP) et de l'ouverture aux IDE (FDI/GDP). Leurs résultats confortent plus le modèle libéral que le modèle structuraliste. Les résultats de leur analyse montrent que l'ouverture commerciale semble d'accroître la paix interne, non pas directement, mais via les effets bénéfiques du commerce sur la croissance économique et la stabilité politique qui s'en suit.

Barbiéri & Reuveny (2005) partent du débat controversé sur l'effet de la mondialisation sur l'occurrence des conflits civils et se proposent de tester empiriquement cet impact. A ce sujet, ils captent la mondialisation économique par les flux de commerce, l'investissement direct étranger, les investissements de portefeuille et l'utilisation d'Internet. Ils constatent que toutes les formes économiques de la mondialisation, y compris le commerce, réduisent la probabilité d'une guerre civile, mais que l'utilisation d'internet n'affecte pas sa probabilité.

Bussmann & Schneider (2007) ont, eux aussi, testé les hypothèses contradictoires sur la globalisation économique en tant que facteur de paix ou de conflit. Ces auteurs se servent de la théorie de la redistribution (Justino, 2007), une variante du libéralisme commercial qui stipule que l'ouverture commerciale ne réduit le risque d'une guerre civile que si les politiques publiques redistributives entrent dans le jeu pour rendre les retombées de l'ouverture moins inégalitaires pour la société. Or, les anti-mondialisation avancent que la globalisation économique est souvent un facteur de conflit étant donné que cette dernière accroit souvent les inégalités sociales. Les auteurs régressent le risque de l'éclatement d'une guerre civile sur l'ouverture économique extérieure et la globalisation sur base des données de 127 pays pour la période de 1950 à 2000. En utilisant la méthode du logit tout en contrôlant les effets dynamiques et le problème de l'endogénéité, les auteurs trouvent qu'un niveau plus élevé d'ouverture économique (ouverture aux échanges commerciaux et aux IDE) est associée à un moindre risque de guerre civile. Cependant, la globalisation économique de grande ampleur, comprise comme la mondialisation, augmente faiblement les chances d'instabilité.

Martin, Mayer, & Thoenig (2008), quant à eux montrent, dans leur étude, que l'impact de l'ouverture commerciale sur l'occurrence des conflits civils passe par deux effets agissant en sens opposé : le « *deterrence effect* » et le « *insurance effect* ». L'effet de dissuasion résulterait du risque de perdre les gains du commerce international en cas de guerre civile tandis que l'effet d'assurance se produirait si le commerce international se substitue au commerce intérieur en cas de guerre civile. Les résultats de leur analyse empirique réalisée sur un échantillon de tous les pays ayant connu un conflit civil au cours de la période 1945-2001 renseignent sur la présence des deux effets : l'ouverture commerciale diminue le risque des guerres civiles de grande envergure susceptibles de détruire la plus grande quantité de commerce (*deterrence effect*), mais augmente le risque de conflits civils moins sévères (*insurance effect*). Leurs résultats restent constats et presque similaires lorsque les auteurs utilisent alternativement la méthode logistique et la méthode des moindres carrés ordinaires.

Ezcurra & Manotas (2013) analysent l'impact de la globalisation sur l'occurrence des conflits civils. Ils considèrent que la globalisation comporte trois dimensions : sociale, politique et économique. Et contrairement aux conclusions généralement formulées, leurs résultats obtenus avec la méthode probit prouvent que la globalisation, comprise comme le degré d'intégration avec le reste du monde contribue significativement à l'augmentation de la fréquence des guerres civiles. Les auteurs trouvent leur argumentaire dans le fait que l'ouverture des économies nationales aux marchés mondiaux et l'appartenance aux organisations telles que l'OMC et le FMI et/ou d'autres unions commerciales régionales qui, souvent, défendent les intérêts des puissances capitalistes, auraient augmenté les inégalités dans beaucoup de pays à faible et à moyen revenu. Or, l'inégalité économique est perçue comme le vecteur de conflits sociaux.

Elbadawi & Hegre (2008) analysent l'impact de la globalisation, en l'occurrence le commerce, sur le risque de conflit civil. Ils ne trouvent, cependant, aucune évidence robuste pour une relation directe entre le commerce et le risque de conflit. Leurs résultats semblent montrer que la globalisation affecte le risque de conflit indirectement à travers ses effets sur la croissance car, selon leurs résultats, la croissance induite par le commerce réduit le risque de conflit civil.

Concernant la Communauté de l'Afrique de l'Est, Mayer & Thoenig (2016) quantifient l'impact de cette communauté sur le risque de conflit en s'inspirant des résultats de Martin, Mayer & Thoenig (2008). Ils trouvent que davantage de commerce régional accroit le coût d'opportunité d'un conflit interétatique et réduit la probabilité d'occurrence de celui-ci. Une forte intégration avec le reste du monde réduirait, au contraire, le coût d'opportunité d'un conflit interne aux Etats membres (ce qui augmente le risque d'occurrence de celui-ci), l'intégration avec le reste du monde pouvant agir comme une assurance en termes d'importations au cas où une crise interne empêcherait les échanges commerciaux domestiques. Ainsi, les accords EAC auraient permis la hausse de l'ouverture commerciale bilatérale entre les Etats membres, ce qui aurait permis la diminution du risque de conflit entre ces Etats et l'augmentation du risque de conflit civil au sein de chaque Etat membre. Cela serait dû à la diminution de la part du commerce domestique de chaque Etat membre qui fait que ces pays deviennent moins dépendants de leur production domestique en tant qu'une source alternative de dépenses.

Sollfrank (2009) examine comment le niveau de commerce domestique affecte l'intensité de conflit entre les Etats et au sein des Etats. Son hypothèse de départ est que le commerce domestique d'un pays est intimement lié à son développement économique, ce qui, selon Przeworski, Alvarez, Cheibub, & Limongi (2000), devrait contribuer à accroitre sa stabilité politique de nature à diminuer le risque de conflit à la fois international et civil. En utilisant des données en séries temporelles groupées (pooled times-series data), l'auteur conduit une analyse de corrélation et des régressions linéaires et aboutit à la conclusion selon laquelle des nivaux élevés de commerce domestique diminuent la propension, pour un pays, d'initier un conflit international ou de tomber dans une guerre civile.

Le seul travail qui, à notre connaissance, aurait traité de l'impact réciproque entre commerce et conflits civils a été fait par Magee & Massoud (2011) qui examinent la relation entre l'ouverture économique, captée par l'ouverture commerciale et l'ouverture aux IDE, et les différentes mesures et types de conflits internes. Les auteurs trouvent des preuves empiriques consistantes que l'instabilité dans un pays réduit la part du commerce international de son économie. Ce résultat apparaît à la fois lorsque les auteurs considèrent le conflit interne comme une variable exogène (MCO) et lorsqu'ils contrôlent l'endogénéité en utilisant des variables instrumentales ou les régressions à effets fixes. Dans les trois types de régressions (MCO, variables instrumentales, et les effets fixes), les estimations révèlent que les guerres civiles plus intenses sont associées à une réduction plus importante de l'ouverture économique. A propos de l'effet inverse, celui-ci n'est pas constant selon que l'ouverture est traitée comme une variable exogène ou non ; l'impact dépend aussi de la façon dont le conflit interne est mesuré. Si l'ouverture économique est considérée, à l'instar de la plus part des recherches sur la question, comme une variable exogène, les résultats des auteurs révèlent que l'ouverture est associé à des niveaux réduits de conflit interne. Lorsque les auteurs utilisent les variables instrumentales ou les régressions à effets fixes pour contrôler l'endogénéité, ils ne trouvent pas d'impact significatif de l'ouverture économique sur la probabilité qu'un pays ait ou non une guerre civile. Ce faisant, leur étude montre qu'il semble y avoir des preuves solides qu'une plus grande stabilité permet aux pays d'ouvrir leurs frontières, mais peu de preuves qu'une plus grande ouverture conduit à la stabilité et la paix internes.

De ce qui précède, il est clair que le débat autour de la thèse libérale de la paix, ou plutôt du lien entre l'interdépendance commerciale et conflits (civils dans le cas d'espèce), est loin d'être clos. Dans la section suivante, nous procédons par une analyse économétrique pour voir si, dans la RGL, le commerce bilatéral est susceptible de contenir l'occurrence des conflits civils ou si c'est l'inverse qui se produit, c'est-à-dire les conflits civils qui sapent le commerce intra-régional.

1.3. Spécification de la relation « Conflit civil-Commerce régional » et Méthodologie d'analyse

Nous présentons dans cette section les modèles à estimer et les travaux empiriques de référence, les méthodes utilisées ainsi que les sources de données pour les variables utilisées dans l'analyse.

1.3.1. Cadre théorique de la relation « Commerce régional-Conflits civils »

L'objectif de ce travail est de tester l'impact réciproque entre les conflits civils et l'interdépendance commerciale des pays de la RGL. Pour cela, nous estimons deux équations. La première est l'équation de conflit civil où nous cherchons l'impact du commerce bilatéral sur l'occurrence des conflits civils et celle de l'équation de commerce, c'est-à-dire un modèle de gravité dans lequel nous introduisons une variable binaire représentant l'occurrence du conflit civil dans les deux pays (i et j) composant la dyade, ce qui nous permet de rechercher l'impact des conflits civils sur le commerce bilatéral. Etant donné que le commerce bilatéral et les conflits civils peuvent refléter une causalité inverse, nous estimons les deux modèles en équations simultanées pour corriger l'endogénéité. Cette méthode a été utilisée par Hegre, Oneal, & Russett (2010) pour tester l'effet réciproque entre les conflits armés inter-étatiques et les échanges commerciaux bilatéraux.

A l'instar de Long (2008), l'unité d'analyse pour les tests statistiques est la dyade orientée annuelle (directed dyad year), conforme avec le modèle de gravité théorique qui prédit le niveau du commerce du pays i vers le pays j. Par conséquent, chaque paire de pays a deux observations dans les séries, une pour le pays **A** en tant que l'Etat i et le pays **B** en tant que l'Etat j à l'année t, et l'autre pour pays **B** en tant que l'Etat i et le pays **A** en tant que l'Etat j à l'année t. Ceci nous est dicté par l'approche bilatérale que nous empruntons et le fait que les conflits civils sont par nature monadiques.

Concernant le modèle de conflits civils, nous nous inspirons de Martin, Mayer, & Thoenig (2008) et de Magee & Massoud (2011). Les deux ont cherché à mettre en évidence l'impact de l'ouverture commerciale sur l'occurrence des conflits civils. Etant donné que le commerce bilatéral est partie intégrante du commerce international, il nous semble logique de remplacer, dans le modèle de conflit civil, la variable ouverture commerciale par celle du commerce bilatéral. A ce sujet, Gleditsch (2002) note que, même si un pays peut avoir un degré élevé d'intégration commerciale avec des pays de par le monde, ce sont les relations commerciales avec ses voisins qui devraient plus affecter sa sécurité. De ce point de vue, le modèle de conflit civil prend la forme générale suivante :

$$\text{Conflit}_{it} = \beta_0 + \beta_1 \text{Cce}_{ijt} + \sum_{i=1}^{n} \beta_i X_{it} + \varepsilon_{ijt} \quad (1.2)$$

Dans l'équation (1.2), la variable dépendante représente les conflits civils dans le pays i et prend la valeur 1 si dans l'année *t* le pays *i* se trouvait dans une guerre civile et 0 au cas contraire. Outre la variable de commerce bilatéral dont nous voulons analyser l'impact sur l'occurrence des conflits civils, la matrice X_{it} représente les différentes variables de contrôle censées impacter l'occurrence des conflits civils. Il s'agit de :

- le *PIB réel et le PIB/tête* : Collier (1998), Collier & al. (2003) et Fearon & Laitin (2003) soutiennent que la possibilité d'organiser et d'entretenir une rébellion est fortement liée au niveau du revenu ou de développement d'un pays ou d'une région. En effet, selon la théorie de la prédation Collier & Hoeffler (2004), il existe toujours dans un pays quelqu'un animé suffisamment de griefs pour décider de lancer une rébellion contre le gouvernement. Cependant, quelque soit la motivation, la rébellion ne va effectivement se produire que si elle financièrement viable. Or, du moment que les recrus rebelles doivent être payés, le coût de leur entretient sera aussi faible que le revenu alternatif de ces recrus est faible. Pour capter le coût d'opportunité économique des nouveaux recrus, les variables de PIB/tête et de PIB réel (ou le taux de croissance du PIB) sont souvent utilisées. Le PIB/tête permet de capter le revenu moyen dans un pays donné tandis que le PIB réel ou le taux de croissance du PIB renseigne sur de nouvelles opportunités de revenu. Ces indicateurs renseignent aussi sur les capacités militaires des gouvernements à dissuader ou combattre une rébellion. De ce point de vue, ces deux variables sont censées exercer un effet négatif sur la probabilité d'occurrence des conflits civils.

- La *fragmentation ethnique*. Eeasterly & Levine (1997), Fearon & Laitin (2003) et Reynal-Querol (2002). Selon Montalvo & Reynal-Querol (2005), le niveau élevé de fragmentation, ou plutôt, de polarisation ethnique est considéré comme un facteur de conflit civil. En effet, dans les pays en développement, les inégalités sociales prennent, souvent, la couleur de la discrimination ethnique. Cette discrimination a essence à se produire dans des sociétés caractérisées par une minorité ethnique face à une majorité ethnique. Le cas de la RGL avec la fameuse « épicentre de conflit » au tour de la rivalité Hutu-Tutsi est emblématique de cette fragmentation génératrice de conflit civil. Par ailleurs, il est considéré que l'impact négatif du commerce extérieur sur l'occurrence des conflits civils peut transiter par des inégalités sociales induites par le partage inéquitable des bénéfices du commerce. Ainsi, le signe attendu du coefficient de cette variable est négatif.
- *l'indice de démocratie*. La paix libérale de Kant induite par des sociétés démocratiques suppose d'abord la paix domestique. La démocratie est ici comprise comme étant un système pacifique de résolution des conflits dans la mesure où un conflit éclaté entre des groupes sociaux rivaux sera résolu par le vote majoritaire ou par des accords consensuels. Les démocraties sont, en principe censées garantir un ensemble minimum de droits individuels ainsi que des droits des minorités à travers la constitution et sont supposées faire usage des mécanismes de partage de pouvoir par le biais des chambres parlementaires, l'auto-détermination, etc. Enfin, les démocraties admettent l'expression des voix dissonantes et disposent des mécanismes pacifiques pour les gérer. Ainsi, du moment que les négociations et des débats pacifiques sont possibles et sont coûtants, les rébellions armées ne sont plus profitables (Hegre H., 2004). Etant donné qu'en Afrique le vote démocratique n'est pas toujours synonyme de partage consensuel de pouvoir, le signe attendu du coefficient associé à cette variable est ambigu.
- *l'indice de développement humain (IDH)*. Hugo (2006) souligne avec acuité le rôle des trappes à sous-développement comme facteurs de conflits civils en Afrique. Il montre que les conflits sont favorisés par le sous-développement économique, le chômage des jeunes, la pauvreté. Il ajoute que les économies africaines sous-développées sont caractérisées par une forte désarticulation et par la faiblesse d'accumulation du capital, public et humain, permettant de dépasser les trappes à pauvreté. Dans une telle configuration, l'accès au pouvoir politique ou militaire garantit davantage d'emprise sur les richesses économiques et les compétitions politiques deviennent source de conflits. Par ailleurs, contrairement aux variables de PIB réel et PIB/tête, l'IDH rend compte des autres indicateurs du sous-développement à savoir l'accès à l'éducation et aux soins de santé, toutes choses qui, lorsqu'elles font défaut, diminuent le coût

d'opportunité de se faire recruter par un mouvement armé. Pour toutes ces raisons, l'effet attendu de cette variable sur le risque de conflit est négatif.

- *l'abondance en ressources naturelles.* L'abondance en ressources naturelles est indéniablement une source de conflit en Afrique. Ross (2003) montre quatre voies par lesquelles les ressources naturelles augmentent le risque de conflit civil : en affectant négativement la performance économique des pays, en affaiblissant les gouvernements qui deviennent très corrompus et moins redevables, en incitant les peuples vivant dans les régions riches en ressources à se constituer en Etats indépendants et, enfin, en assurant le financement des mouvements rebelles. Par conséquent, nous anticipons un signe négatif pour le coefficient de cette variable.
- *la population.* L'une des thèses en filigrane de Malthus (1798) est que la croissance non contrôlée de la population pourrait déclencher des conflits sociaux à cause de la compétition au tour des ressources rares, surtout dans les pays à faible revenu (Acemolgu, Fergusson, & Johnson, 2017). En vue de souligner l'hétérogénéité du phénomène, Brückner (2011) montre que, tandis que cette relation entre la taille de la population et le risque de conflit civil disparait lorsque des effets spécifiques pays et temporelles sont prises en compte, elle demeure toujours robuste pour le cas des pays de l'Afrique subsaharienne. Ainsi, dans le cadre de cette étude, nous pouvons présumer un signe positif pour le coefficient de cette variable.
- *les conflits en pays A et B en t-1.* La littérature empirique sur la résurgence des conflits civils montre que les conflits antérieurs, domestiques et régionaux, ont vocation à exercer un effet positif sur la probabilité d'occurrence de nouveaux conflits. Cela est particulièrement vrai pour le cas des pays de la RGL caractérisée par l'enchevêtrement de nombreux facteurs et liens transnationaux, favorables à l'éclatement de nouveaux conflits, à savoir les liens ethniques, les flux de réfugiés, la circulation des armes légères, l'exploitation et le commerce des ressources naturelles, etc.

Pour ce qui est de l'impact des conflits civils sur les échanges bilatéraux, nous nous inspirons de Bayer & Rupert (2004), Long (2008) et Magee & Massoud (2011). Nous nous référons particulièrement à Long (2008) qui analyse l'impact des conflits civils sur le commerce bilatéral (modèle de gravité). L'équation du commerce bilatéral prend la forme générale suivante :

$$\text{Cce}_{ijt} = \alpha_0 + \alpha_1 \text{Conflit}_{ti} + \alpha_2 \text{Conflit}_{jt} + \sum_{i=1}^{n} \alpha_i Z_{it} + \sum_{j=1}^{n} \alpha_j Z_{jt} + \varepsilon_{ijt} \qquad (1.3)$$

Dans l'équation (1.3), la variable dépendante représente les importations du pays i en provenance du pays j. Cette dernière contient aussi d'autres variables de contrôle usuelles censées expliquer le commerce bilatéral dans le modèle de gravité dont :

- *Le PIB réel.* Les PIB des pays partenaires sont des déterminants majeurs des flux d'échanges entre ces derniers car ils renseignent sur la taille du marché. Une augmentation du PIB du pays importateur signifie un accroissement de sa richesse et devrait entrainer, toute chose égale par ailleurs, une augmentation de sa demande d'importation. Quant au PIB du pays exportateur, il représente la capacité de l'offre d'exportation. Par conséquent, le PIB des partenaires commerciaux ont vocation à avoir un effet positif sur leurs échanges commerciaux.
- *les PIB/tête.* Les revenu/tête des pays i et j reflètent le pouvoir d'achat de la population de ces pays. Il est aussi question ici de la taille de la population des pays partenaires à l'échange. Ainsi, si le pays i connait une augmentation de son PIB avec une augmentation plus que proportionnelle de sa population, le pouvoir d'achat de la population se détériore, ce qui impacte négativement ses importations en provenance de son partenaire j. Dans le modèle de commerce bilatéral, le signe attendu des coefficients de ces variables devrait être positif.
- *les accords commerciaux régionaux (ACR).* Un ACR favorise l'augmentation du commerce bilatéral pour les pays membres à travers la création et le détournement du commerce qui font que, suite de la mise en place de l'accord (qui peut prendre la forme d'une union douanière), un bien qui, auparavant était fourni par des producteurs domestiques ou ceux extérieurs à la communauté, est maintenant offert par un des pays membres du nouvel accord. Donc, en toute vraisemblance, la variable muette captant l'ACR devrait influer positivement sur le commerce bilatéral.
- *la distance entre i et j.* Il s'agit de la distance entre les principales villes des pays et les principales villes des pays partenaires. C'est une variable qui permet de capter les coûts de transaction, notamment les coûts de transport dans le modèle de gravité. Plus la distance entre deux pays est grande, plus les coûts de transport deviennent élevés et plus les prix des produits échangés augmentent, ce qui réduit la compétitivité de ces derniers. Par conséquent, en toute vraisemblance, la distance entre les pays i et j devrait impacter négativement le commerce bilatéral entre ces derniers.
- *l'enclavement.* La majorité des échanges internationaux se faisant par voie maritime, l'enclavement est facteur négatif des échanges car celui-ci accroit les coûts de transaction pour les pays dépourvus de l'accès à la mer.
- *Le passé colonial commun et la langue commune.* Le passé colonial commun et la langue commune sont des variables qui captent des liens historiques privilégiés entre deux pays, lesquels liens favorisent souvent circulation de personnes

et de biens entre ces derniers. Ainsi, ces deux variables devraient avoir un effet positif sur les flux de commerce bilatéral entre deux pays.

La forme finale de notre modèle en équations simultanées, après la transformation en log de certaines variables, est la suivante :

$$\begin{cases} \text{Conflit}_{it} = \beta_0 + \beta_1 \text{Cce}_{ijt} + \beta_2 \text{LnPIB}_{it} + \beta_3 \text{LnPIB/tête}_{it} \\ +\beta_4 \text{Indice\_Democr}_{it} + \beta_5 \text{IDH}_{it} + \beta_6 \text{Rente\_Ress}_{it} \qquad (1.4) \\ +\beta_7 \text{Fragm\_Ethn}_{it} + \beta_8 \text{Conflit\_civil}_{it-1} + \varepsilon_{ijt} \\ \\ \text{Cce}_{ijt} = \alpha_0 + \alpha_1 \text{Conflit}_{it} + \alpha_2 \text{Conflit}_{jt} + \text{LnPIB}_{it} + \text{LnPIB}_{jt} \\ +\text{LnPIBha}_{it} + \text{LnPIBha}_{jt} + \text{Enclav}_i + \text{Enclav}_j + \text{ACR}_{ij} \qquad (1.5) \\ +\text{LnDist}_{ij} + \text{Lang\_Comm}_{ij} + \text{Colon\_Comm}_{ij} + \varepsilon_{ijt} \end{cases}$$

Notre échantillon est composé des pays de la Communauté Est-Africaine + la RDC. Cet ensemble de six pays constitue, en réalité, le véritable noyau de la Région des Grands Lacs. Alors que le véritable espace des pays des grands lacs africains fait l'objet de débats, le choix de notre échantillon est surtout guidé par la volonté de considérer les pays ayant véritablement des échanges commerciaux et dont la plus part ont déjà expérimenté le conflit civil au moins une fois durant notre période d'analyse. Nos données proviennent de plusieurs sources : les séries portant sur les PIB réels, les PIB/tête, l'IDH et l'indice d'abondance en ressources naturelles sont tirés de la base de données de la Banque Mondiale (WDI). Les flux des échanges commerciaux proviennent des bases UN-COMTRADE et IMF-DOTS tandis que pour les variables de conflits civils et polity, elles sont issues de la base CENTER FOR SYSTEMICPEACE. La série de la variable « fragmentation ethnique » est tirée de Posner (2004). Les autres variables de l'équation de gravité (distance, langue commune, le passé colonial commun, l'enclavement) sont tirées de CEPII.

En raison de la disponibilité des données sur les flux des échanges commerciaux, la période d'analyse, pour ce chapitre, s'étend de 1991 à 2009. Le tableau 1 fournit les statistiques descriptives des variables et les sources des données utilisées dans l'analyse économétrique. Les statistiques descriptives des données utilisées renseignent sur de fortes disparités entre les pays de notre échantillon sur tous les plans. Si l'on considère la théorie des conflits civils ((Collier & Hoeffler, 1998 ; 2004), les disparités en matière de revenus par tête, de l'IDH, de l'abondance des ressources naturelles et de la fragmentation ethnique expliquent à suffisance pourquoi, les conflits civils de la Région des grands lacs, quoiqu'ayant une résonance régionale, sont localisés dans et autour de certains pays.

Tableau 1. Statistiques descriptives des variables et sources de données (1991-2009)

Variables	Obs.	mean	Std. Dev.	Min	Max	Sources
Commerce bilatéral entre i et j (dollars US)	570	3.10e+07	7.90e+07	1361	6.39e+08	UN COMTRADE et IMF-DOTS
Le revenu par tête (PIB/tête) (dollars US)	570	778.0782	336.3259	247.8889	1455.31	WDI, 2014
PIB réel (million de dollars US)	570	6698.153	5045.02	787.9442	18652.01	WDI, 2014
Les accords commerciaux régionaux (ACR)	570	0.7333333	0.4426051	0	1	OMC
Distances géographiques bilatérales (km)	570	1138.6	738.9222	234	2666	CEPII
Langue commune	570	0.6	0.4903282	0	1	CEPII
Passé colonial commun	570	0.4	0.4903282	0	1	CEPII
Enclavement	570	0.5	0.5004392	0	1	CEPII
Occurrence des conflits civils	570	0.5333333	0.4993258	0	1	Center for Systemic Peace
Indice de démocratie (Polity)	570	-1.082456	4.211275	-8	8	Center for Systemic Peace

Tableau 1 : Statistiques descriptives des variables et sources de données (1991-2009)

Indice de développement humain (IDH)	570	0.3875588	0.0821259	0.165	0.519	WDI, 2014
Indice d'abondance en ressources naturelles	570	13.09091	8514257	2.724651	34.3284	WDI, 2014
Fragmentation ethnique	570	0.5183333	0.1972701	0.26	0.8	Daniel N. Posner (2004)

Source : Construit par l'auteur

1.3.2. Les méthodes d'estimation de l'impact réciproque entre Commerce régional et Conflits civils

La causalité inverse potentielle entre les conflits civils et l'interdépendance commerciale nous pousse à utiliser un modèle à équations simultanées pour traiter le problème de l'endogénéité. D'usage, le choix de la méthode d'estimation est dans ce cas guidé par le test d'indentification. Il est facile de vérifier que notre système d'équations, qui présente 2 variables endogènes (deux équations), 2 variables endogènes et 6 variables exogènes dans l'équation de conflits ; 2 variables endogènes et 10 variables exogènes dans l'équation de commerce, est sur-identifié. Pour cela, la méthode des doubles moindres carrés (DMC) a été utilisée pour estimer l'équation de commerce. Etant donné que la variable à expliquer dans le modèle de conflit est une variable binaire, le Probit (avec variable instrumentale) a servi à estimer le modèle de conflit civil.

1.4. Estimation économétrique : Tests et résultats empiriques

Avant de procéder aux estimations, nous nous obligeons d'étudier la stationnarité des données. Pour cela nous implémentons successivement les tests de dépendance individuelle, de la stationnarité et, si nécessaire, nous vérifierons la cointégration des séries.

1.4.1. Test de dépendance des individus

Le test de Pesaran (2004), appelé CD-test permet de vérifier si les individus constituant le panel sont interdépendants les uns des autres ou non, ce qui autorise à discriminer entre les tests de stationnarité de première et de seconde génération. L'hypothèse nulle H_0 de ce test est l'indépendance des observations individuelles en coupe transversale. La statistique CD est construite au tour de la moyenne des coefficients de corrélation entre les différents pays pris deux-à-deux pour chaque période de temps. Le tableau 2 donne les résultats de ce test pour les individus de notre échantillon.

Tableau 2. Test de dépendance individuelle[7]

Variable	CD-test	p-value	Mean ρ	Mean $\|\rho\|$
Importations	40.38***	0.000	0.444	0.525
PIB réel	60.92***	0.000	0.670	0.670
PIB/tête	30.96***	0.000	0.341	0.596
IDH	63.44***	0.000	0.698	0.698
Abondance en Rces Naturelles	40.08***	0.000	0.441	0.473
Polity	70.46***	0.000	0.775	0.775

Source : Auteur

Le tableau 2 renseigne clairement que l'hypothèse nulle d'indépendance des individus est rejetée pour l'ensemble des variables au seuil de 1%. Donc, il y a une forte présence de dépendance en coupe transversale pour les pays de notre échantillon.

1.4.2. Test de racine unitaire

Etant donné les résultats ci-dessus, les tests de seconde génération, qui admettent la dépendance spatiale des individus, sont les mieux appropriés. Le test de racine unitaire qui sera utilisé à cet effet est celui de Pesaran (2007). L'hypothèse nulle H_0 pour ce test est que chaque série temporelle individuelle contient une racine unitaire. Ainsi, si la statistique CIPS de ce test est inférieure à la valeur critique au seuil de 5 % pour au moins un des trois cas de la forme déterministe, alors l'hypothèse nulle de non stationnarité homogène est rejetée. Les résultats de ce test sont consignés dans le tableau 3 suivant.

7 Les variables binaires et celles dont les données sont constantes dans le temps ne font pas l'objet de ces tests.

Tableau 3. Test de stationnarité des variables

CIPS (30,19) Variables	Cas I Sans constante ni trend (-1,61)	Cas II Avec constante (-2,2)	Cas III Avec constante et trend (-2,72)	Ordre d'intégration
Importations	-2,228**	-2,581**	-3,110**	I(0)
PIB réel	-1,602	-0,970	-3,279**	I(0)
PIB/tête	-1,586	-3,244**	-2,193	I(0)
IDH	-1,251	-2,005	-3,105**	I(0)
Nra	-2,280**	-1,613	-2,483**	I(0)
Polity	-1,617**	-3,282**	-3,105**	I(0)

Source : Auteur

Les résultats du test de stationnarité selon Pesaran (2007) révèlent que toutes les variables concernées sont stationnaires en niveau. En effet, pour ces variables, la statistique CIPS est inférieure, pour au moins un cas des trois formes déterministes, à la valeur critique au seuil de 5 %.

Ainsi, nous pouvons appliquer, pour des raisons évoquées ci-haut, la méthode des DMC pour estimer l'équation de commerce. Cependant, dans le but de cerner le comportement général des variables et la robustesse des résultats, nous avons pouvons nous permettre de garder les méthodes de Pooled OLS (les Moindres Carrés Ordinaires en panel) et le Poisson Pseudo Maximum Likelihood (PPML) en tant que méthodes alternatives. Le Probit a servi à estimer le modèle de conflit civil et la méthode Logit a été utilisée en guise de robustesse des résultats pour ce modèle. Les résultats de nos estimations sont consignés dans le tableau 4 ci-après.

Tableau 4. Les résultats des régressions des équations de commerce et de conflits

Variables	**Equation de commerce**			**Occurrence des conflits civils**	
	Pooled OLS	PPML	DMC	IVProbit	Logit
Conflit civil$_A$	-0.394**	-0.040***	-0.718***		
	(0.199)	(3.70)	(0.270)		
Conflit civil$_B$	-0.405**	-0.011	-0.689***		
	(0.169)	(1.00)	(0.260)		
Ln PIB réel $_A$	0.787**	0.019**	0.739***	-1.74***	-3.044***
	(0.384)	(2.48)	(0.285)	(0.535)	(0.943)
Ln PIB réel $_B$	2.200***	0.110***	2.146***		
	(0.301)	(11.06)	(0.287)		

Tableau 4. Les résultats des régressions des équations de commerce et de conflits

Variables	Equation de commerce			Occurrence des conflits civils	
	Pooled OLS	PPML	DMC	IVProbit	Logit
Ln PIB/tête$_A$	-1.613***	-0.057***	-1.862***	1.037	1.869
	(0.459)	(3.07)	(0.486)	(0.643)	(1.160)
Ln PIB/tête$_B$	-0.225	0.074***	-0.457		
	(0.520)	(3.92)	(0.486)		
Enclavement$_A$	-0.0373	-0.001	-0.108		
	(0.569)	(0.08)	(0.646)		
Enclavement$_B$	-0.253	-0.041***	-0.343		
	(0.544)	(3.17)	(0.712)		
ACR entre A et B	-1.020**	-0.096***	-1.074		
	(0.484)	(7.88)	(0.680)		
Ln distance A et B	-1.906***	-0.098***	-2.087***		
	(0.440)	(7.18)	(0.642)		
Langue commune	-0.533	-0.043***	-0.575		
	(0.620)	(2.76)	(0.565)		
Hist. col. Comm...	0.622	0.054***	0.584		
	(0.494)	(4.41)	(0.586)		
Ln Cce bilatéral				0.0438	-0.0407
				(0.0494)	(0.0674)
Indice de démocratie				-0.068*	-0.144**
				(0.0352)	(0.0642)
IDH				-0.645	-2.888
				(1.452)	(2.601)
Rente des Ress. Nat.				0.00742	0.0202
				(0.0184)	(0.0323)
Fragm. Ethn.				6.66***	11.53***
				(2.141)	(3.739)
Conflit civil t-1				1.89***	3.390***
				(0.179)	(0.327)
Constant	16.25***	2.293***	21.97***	2.705	6.836*
	(4.195)	(10.34)	(7.204)	(2.237)	(3.839)
R^2 /Pseudo-R^2	0,6769	0,7072	0,6760	0,7250	0,5951
Observations	546	546	545	545	545
Number of code	30	30	30	30	30

Source : Construit par l'auteur à partir des résultats des estimations

Les valeurs absolues des erreurs types sont entre parenthèses

*** significatif à 1%, ** significatif à 5 %, * significatif à 1%

Les trois premières colonnes donnent les résultats de l'équation du commerce bilatéral estimée, respectivement, selon les méthodes Pooled OLS, PPML et DMC. Les variables d'intérêt dans cette équation est le conflit civil dans les pays i et j. Comme il est stipulé dans nos hypothèses, les résultats de cette équation montrent que le conflit civil, aussi bien dans le pays i que dans le pays j, affecte négativement et significativement le commerce bilatéral entre les deux pays, exception faite pour la méthode PPML pour laquelle le coefficient n'est pas significatif. C'est dire que lorsqu'un conflit civil sévit dans un pays donné ou chez le pays voisin, le commerce bilatéral entre les deux pays diminue considérablement. Donc, les conflits civils dans la RGL découragent le commerce bilatéral et par conséquent l'intégration commerciale.

Conformément à la théorie, les PIB réels et le passé colonial commun influencent positivement le commerce bilatéral tandis que la distance et l'enclavement l'affectent négativement. Par contre, le coefficient du PIB/ tête dans le pays i n'affiche pas le signes attendu.

Selon la théorie, le PIB par tête prend en considération l'effet du pouvoir d'achat des consommateurs du pays considéré. Une hausse du PIB/tête devrait avoir un effet positif sur la demande et par conséquent accroître le volume des échanges bilatéraux. Dans nos résultats, le signe négatif du « PIB/tête » en i pourrait traduire l'extraversion des économies africaines (Amin, 1986). En effet, étant donné la faible industrialisation de la région et des systèmes économiques tournés vers l'extérieur, l'augmentation du pouvoir d'achat pousse les consommateurs à s'approvisionner plus sur le marché des pays industrialisés (Europe, USA, Chine et les autres NPI asiatiques, les émirats arabes) où l'on peut trouver des produits industriels non encore disponibles sur le marché régional.

La variable « langue commune » présente aussi un signe négatif, donc contraire à la théorie. Son coefficient n'étant significatif que pour le cas de la méthode PPML, l'interprétation de son signe nous oblige à la prudence. Toutefois, il est clair que, dans cette région, la langue n'est pas tant un facteur déterminant dans les échanges intra-régionaux dans la RGL. En effet, les trois pays francophones de la région (Burundi, RDC, Rwanda[8]) affichent les économies les moins dynamiques et les moins industrialisées de la région. Du coup, ils sont obligés de s'approvisionner chez leurs voisins anglophones (Kenya, Uganda et Tanzanie).

---

8 Même si le Rwanda est actuellement anglophone, il n'est pas encore totalement « défrancophonisé »

Par ailleurs, ces pays n'ont pas accès à la mer (à l'est du moins pour la RDC) et sont obligés à utiliser les ports de leurs voisins pour les échanges internationaux. Ce qui n'est pas anodin puisqu'un éventuel biais statistique aurait pour effet de considérer les flux transitaires comme des échanges avec les pays voisins anglophones moins ou non enclavés.

Comme dans le cas de la langue commune, nous nous devons d'être prudent quant à l'interprétation du coefficient de la variable « accords commerciaux régionaux » qui n'est significatif que dans les méthodes alternatives d'estimation. Cette variable devrait, selon toute vraisemblance, influencer positivement les échanges intra-zone. Pour comprendre pourquoi, dans les résultats de nos régressions, son coefficient présente le signe négatif, on peut considérer le rôle contraignant que les organisations relevant des communautés économiques régionales exercent souvent sur un pays donné, en cas de guerre civile au sein de ce dernier, pour l'obliger à négocier avec les groupes rebelles. Il en a été le cas lorsqu'en juillet 1996 les pays voisins (avec la Tanzanie en tête), imposent au Burundi un embargo économique pour contraindre le président de l'époque, qui venait de reprendre le pouvoir par un coup de force, à restaurer l'ordre constitutionnel. Même en l'absence d'embargo, l'appartenance à une même communauté régionale peut être à l'origine de brouilles diplomatiques et, partant, commerciales entre deux pays, l'un d'eux se faisant prévaloir un rôle de médiateur dans les conflits socio-politiques internes de l'autre. Un exemple évocateur pour le cas d'espèce est la brouille diplomatique en 2013 entre la Tanzanie et le Rwanda à la suite de la suggestion faite par le président tanzanien à son homologue rwandais de négocier avec les rebelles des Forces Démocratiques de Libération du Rwanda (FDLR), un groupe considéré comme partie prenante dans le génocide rwandais en 1994. Au régime de Kigali de considérer cette demande comme un « affront ». La relation s'envenima au début du mois d'août lorsque la Tanzanie décida d'expulser de son territoire près de 20 000 Rwandais en situation irrégulière. En représailles du renvoi des Rwandais de la Tanzanie, le Rwanda a décidé de boycotter le port de Dar-Es-Salam pour faire transiter toutes ses marchandises par Mombasa ; une preuve qu'un incident pareil ne manque pas de peser sur les échanges bilatéraux. Plus grave encore, depuis cet incident diplomatique, une communauté à deux vitesses semble se dégager, avec un sous-groupe composé du Rwanda, du Kenya et de l'Ouganda et un autre qui réunit le Burundi et la Tanzanie. Tandis le Rwanda, le Kenya et l'Ouganda accélèrent les projets en commun (visa touristique, carte d'identité, corridor nord), l'autre groupe est de plus en plus écarté lors des réunions sectorielles. Ces tensions font craindre même un possible éclatement de l'EAC (Révillon, 2013). Les colonnes (1) et (2) où l'équation du commerce est estimée, respectivement, par les méthodes Pooled OLS et PPML confirment le signe et la significativité des coefficients de nos variables d'intérêt, les conflits civils dans les pays i et j, exception faite pour le conflit civil du pays B dont le coefficient n'est pas significatif lorsque le modèle est estimé à l'aide de la méthode PPML. Cela confirme le fait que les conflits civils affectent négativement le commerce bilatéral dans la Région des grands lacs.

Les résultats du modèle de conflits estimés à l'aide des méthodes Probit et Logit sont présentés dans les deux dernières colonnes du tableau 4. Etant donné que nous ne pouvons, pour ces méthodes probabilistes, interpréter directement les coefficients issus des régressions, le tableau 4 fournit les effets marginaux des variables du modèle pour les deux méthodes.

Tableau 5. Les effets marginaux des modèles Probit et Logit

	IVPROBIT	**LOGIT**
Ln Commerce bilatéral	0.044	-0.0101
	(0.89)	(0.60)
Ln PIB réel	-1.741***	-0.756***
	(3.25)	(3.23)
Ln PIB/tête	1.037	0.464
	(1.61)	1.61
Indice de démocratie	-0.068*	-0.036**
	(1.94)	(2.28)
IDH	-0.645	-0.7171
	(0.44)	(1.11)
Rente des Ressources Naturelles	0.007	0.0050
	(0.40)	(0.63)
Fragmentation ethnique	6.659***	2.8619***
	(3.11)	(3.08)
Conflit civil t_1	1.896***	0.8418***
	(10.57)	(10.59)

Source : Construit par l'auteur à partir des résultats des estimations

Les valeurs absolues des t-students sont entre parenthèses

*** significatif à 1%, ** significatif à 5 %, * significatif à 1%.

De toute évidence, il ressort de ces résultats que le commerce bilatéral ne baisse pas la probabilité d'occurrence des conflits. En effet, le coefficient de cette variable n'est pas statistiquement significatif, ce qui veut dire que, dans la Région des grands lacs, le commerce régional peine à exercer un effet dissuasif pour les conflits civils.

Par contre, conformément à ce qui est préconisé par la théorie su les conflits civils, le PIB réel, l'indice de démocratie, la fragmentation ethnique et le conflit civil retardé d'une période ont des signes prédits par la théorie et sont significatives. Le « PIB réel » exerce un effet négatif sur la probabilité d'occurrence des conflits. Précisément, le coefficient attaché à cette variable indique, lorsque le PIB réel, c'est-à-dire la richesse d'un pays augmente de 1 %, la probabilité qu'un conflit civil éclate dans ce pays diminue de 1,74 %.

Cependant, étant donné que le coefficient du PIB/tête n'est pas significatif, cela veut dire que le fait que le revenu global exerce un effet négatif sur l'occurrence des conflits ne serait, peut-être pas lié à l'accroissement du bien-être de la population qui, selon la théorie des conflits, augmente le coût d'opportunité pour s'engager dans une rébellion. Cela pourrait plutôt s'interpréter comme un indicateur de la capacité du gouvernement à mener une guerre contre les groupes rebelles.

L'indice de démocratie, conformément aux prédictions théoriques, exerce un effet négatif sur la probabilité d'occurrence des conflits civils. En effet, selon les prédictions théoriques de la « paix démocratique » de Kant sur laquelle se base la thèse de « la paix civile libérale », les pays démocratiques sont, non seulement enclins à s'affronter entre eux, mais aussi, ces derniers sont plus disposés à connaitre une stabilité interne.

Enfin, les résultats indiquent que la fragmentation ethnique et le conflit civil en t-1 influencent positivement l'occurrence des conflits. Cela est aussi conforme aux prédictions théoriques sur les conflits civils car, d'une part, la fragmentation ethnique, en Afrique subsaharienne, cristallise les inégalités socio-économiques qui sont vecteurs de conflits en Afrique subsaharienne. D'autre part, il a été empiriquement avéré que les conflits antérieurs augmentent, souvent, la probabilité d'éclatement de nouvelles guerres civiles à cause, en toute vraisemblance, d'antécédents sociaux et de fractures sociales induits par les conflits passés. Les résultats de l'estimation du modèle de conflit par le modèle Logit montre que les résultats restent fondamentalement les mêmes, ce qui laisse supposer que les résultats sont robustes.

Conclusion

Dans la RGL, l'idée que l'intégration économique et les projets de développement commun permettraient, pour les pays, de vivre en harmonie a présidé à la création des CERs telles que la CEPGL et la CEEAC. Cette politique de « paix par l'intégration » ne semble pas, du moins jusqu'aujourd'hui, avoir porté les fruits escomptés. Cela est ressorti des résultats de l'analyse économétrique qui ont montré que, dans la RGL, les échanges commerciaux bilatéraux n'ont pas d'impact significatif sur la probabilité d'occurrence des conflits civils. Par contre, il apparaît que les conflits constituent un blocage réel au commerce entre les pays de la région. Conformément à notre première hypothèse, cela signifie que les conflits l'emportent sur les échanges commerciaux. Cela veut dire qu'en l'absence d'autres mécanismes pour adresser efficacement les conflits, non seulement l'intégration économique ne peut elle-même réussir mais, surtout, elle ne saurait être efficacement instrumentée pour stabiliser la région. Car, en effet, les projets d'intégration économique sont pris en otage par les mêmes conflits qu'ils sont censés résorber. Cela se remarque aisément à travers les désaccords et les climats de méfiance qui ont caractérisé dans le temps les relations entre, d'une part, le Zaïre de l'époque et le Burundi et, d'autre part, entre le Burundi et le régime de Kigali d'alors ; les vieux démons ont aujourd'hui refait surface pour créer des frictions entre Kigali et Dar-es-Salam. Des désaccords qui ont toujours su avoir gain de cause sur des projets régionaux d'intégration initialement mis en place. En effet, dans la RGL, on est face à la rationalité, non pas sur le plan des Etats mais des individus et des groupes d'individus qui, souvent, n'ont que faire de la stabilité régionale. Ce qui rend du coup inopérationnelle la thèse de « la paix par le commerce » et vide de sa substance tout processus régional d'intégration économique destiné à promouvoir la paix et la stabilité de la région. Cela veut dire qu'au lieu de se fier au mécanisme magique de l'intégration économico-commerciale pour résorber les conflits internes et transfrontaliers, les CERs devraient prévoir des mécanismes et des outils relativement formels de gestion des crises sécuritaires qui menacent les Etats membres. Ces dernières devraient, par exemple, être dotées d'un pouvoir contraignant en vue d'infliger des sanctions aux régimes ou aux groupes rebelles qui alimentent le conflit.

L'impact négatif des conflits civils sur le commerce régional mis en évidence à travers ce chapitre nous fait penser que les mêmes conflits constituent un frein à la croissance économique des pays de la RGL dont le commerce régional serait l'un des canaux de transmission. La suite du travail est dédiée à la vérification de cette présomption.

Chapitre II. Les effets spatiaux des Conflits civils sur la Croissance économique des pays des Grands lacs africains

Introduction

Depuis le début des années 1990, la Région des Grands Lacs a été la scène des conflits les plus acharnés et les plus turbulents que l'Afrique ait connu. Entre 1990 et 2010, cette région a vu entre autres, le Génocide Rwandais, la Guerre Civile du Burundi et le conflit transfrontalier de la RDC, tous étant chaque fois exacerbés par des groupes armés clandestins venant de l'intérieur et de l'extérieur de la région (Githaiga, 2011). Cette dynamique des conflits civils dans la RGL se nourrit de facteurs aussi complexes que variés : l'héritage du colonialisme, la nationalité et l'identité, les tensions ethniques et la discrimination, l'absence d'état de droit et la faillite de l'Etat, la violation des droits de l'homme, l'exclusion politique et une large gamme de défis en matière de développement, y compris la mauvaise gouvernance, la pauvreté et la marginalisation des jeunes.

La résurgence des conflits civils dans la RGL a mobilisé beaucoup de rapports et travaux scientifiques sur les causes et facteurs d'aggravation de ceux-ci ((Gahama, 2006 ; Githaiga, 2011 ; Omeje & Hepner, 2013). Cependant, le constat est que les travaux dédiés à l'impact économique de ces conflits civils sur les pays concernés sont rares. Le peu de travaux qui existent traitent de l'impact des conflits civils sur les économies des pays pris individuellement (Justino & Verwimp, 2006 ; Tsasa, 2012 ; Serneels & Verpoorten, 2012). A notre connaissance, aucune étude de ce genre n'a encore concerné l'ensemble des pays de la région. En plus, alors que la dimension régionale de ces conflits de la RGL n'est plus à démontrer, aucune étude n'a encore adressé la dimension spatiale de l'impact des conflits civils dans la région. C'est dans le but de combler ce gap que nous voulons, dans le cadre de ce papier, nous pencher sur l'impact des conflits civils sur la croissance économique des pays de la RGL en mettant en évidence les externalités spatiales de ces derniers.

La littérature empirique sur les conflits en Afrique montre que les conséquences de ceux-ci sur le développement sont inégales entre les pays. On a remarqué par exemple un déclin économique précipité pour le Libéria, la Sierra Leone, la République démocratique du Congo (RDC), l'Erythrée, le Burundi, le Djibouti et le Mozambique. Pour certains pays comme l'Angola et le Rwanda, le déclin économique a été dramatique durant la guerre mais suivi d'une rapide récupération. D'autres pays tels que le Soudan, le Tchad, le Sénégal et l'Ethiopie ont même connu une croissance soutenue du PIB pendant que les combats se poursuivaient (McCandless & Karbo, 2011). Soulignons par ailleurs que les conflits ont également des impacts transfrontaliers négatifs, impacts que, malheureusement, les statistiques élaborées dans des cadres nationaux saisissent mal (Hugon, 2006). Ce qui précède nous amène à nous poser les questions suivantes, en ce qui concerne les pays de la région des grands lacs : (i) les conflits civils sont-ils nuisibles à la croissance économique des pays de la RGL touchés par la guerre ? (ii) existe-t-il des externalités négatives des conflits civils sur la croissance économique des pays voisins de ceux en guerre ? Dans le cadre du présent chapitre de notre thèse, nous voulons soutenir que la croissance économique des pays de la RGL pâtît des conflits civils qui les touchent et que les effets de ces derniers débordent au-delà des pays directement concernés.

La suite du chapitre est organisée comme suit. La seconde section est dédiée à la revue de littérature théorique et empirique tandis que la troisième section fournit le cadre théorique de notre étude. La quatrième section, quant à elle, retrace les choix méthodologiques qui sous-tendent notre investigation empirique. La section cinq est consacrée à la présentation des résultats et à leur interprétation. La sixième section conclut le chapitre.

2.1. Revue de littérature sur l'effet des conflits civils sur la croissance économique

Ci-après, nous passons en revue la littérature, aussi bien théorique qu'empirique, en rapport avec l'impact des conflits civils sur la croissance économique.

2.1.1. Revue de littérature théorique

Sur le plan théorique, Benoît (1978) postule, indirectement, que les conflits civils armés, dans les pays en développement, peuvent entrainer la croissance de l'économie par le biais des dépenses militaires. Il avance, à partir de ses travaux empiriques, que les pays ayant supporté la plus lourde charge en dépenses de défense étaient ceux ayant eu la croissance la plus rapide. La thèse en filigrane est que les dépenses militaires peuvent porter un coup de pouce à une petite et faible économie. D'après une étude de la Banque mondiale, les pays en développement, lorsqu'ils sont touchés par un conflit civil, accroissent leurs dépenses militaires, en termes de part du PIB, de 2,8 % en temps de paix à 5% durant le conflit (Collier & al., 2003). Ce qui voudrait dire que la hausse des dépenses militaires est l'une des caractéristiques des conflits civils. La littérature sur l'économie de la défense suggère un certain nombre de canaux à travers lesquels les dépenses militaires peuvent impacter le PIB. Ces canaux peuvent sommairement être regroupés dans les effets de la demande, les effets de l'offre et les effets de la sécurité (Dunne, Smith, & Willenbockel, 2005).

Les effets de la demande opèrent à travers le niveau et la composition des dépenses publiques. Le plus saillant est l'effet multiplicateur keynésien. Une augmentation exogène des dépenses militaires accroit la demande et, en cas de capacité inutilisée, accroit l'utilisation et réduit le sous-emploi des ressources. Evidemment, les dépenses militaires comportent un coût d'opportunité et peuvent évincer les autres formes de dépenses, telle que la dépense d'investissement. L'ampleur et la forme de l'effet d'éviction consécutif à l'augmentation des dépenses militaires vont dépendre de l'allocation antérieure des dépenses publiques et la façon dont ces dépenses militaires sont financées. La contrainte budgétaire du gouvernement requiert qu'une augmentation des dépenses militaires soit financée par des coupes dans les autres dépenses publiques, l'augmentation des impôts et taxes, l'augmentation de l'emprunt ou une politique monétaire expansionniste. La façon dont l'accroissement des dépenses militaires aura été financé va induire ses effets. Par exemple, un profond déficit pourrait induire la hausse des taux d'intérêt, ce qui pourrait être néfaste pour l'économie.

Les effets de l'offre opèrent à travers la disponibilité des facteurs de production (le travail, les capitaux physique et humain et les ressources naturelles) et la technologie qui, ensemble, déterminent le revenu potentiel. Il n'y a pas une convergence de vue dans la littérature quant à la question de considérer le PIB total, incluant celui utilisé par les militaires, ou juste le PIB civil. La conscription et les autres formes de coercition telle que la ferveur idéologique peuvent accroitre la mobilisation des facteurs de production, en particulier durant les périodes de menaces dues à la guerre, mais ces ressources mobilisées sont principalement utilisées pour des buts militaires. Or, il est clair que les ressources utilisées par les militaires sont indisponibles à l'utilisation civile, mais elles peuvent comporter des externalités positives sur le secteur civil. La formation dans les forces armées peut rendre les travailleurs plus ou moins productifs lorsqu'ils retournent à l'emploi civil. La Recherche & Développement militaire pourrait aussi avoir des retombées commerciales. Néanmoins, cette possibilité des retombées commerciales et d'innovations est invalidée par Hugo (2006) qui soutient que les dépenses militaires n'ont pas d'effets d'entraînement et d'innovations dans la mesure où, exception faite de l'Afrique du Sud, l'Afrique subsaharienne est importatrice d'armes.

Les effets de la sécurité agissent à travers la sécurisation des personnes, des actifs et de la propriété contre la menace domestique ou étrangère. Cette sécurité est en effet essentielle pour le fonctionnement des marchés, la réalisation des contrats, l'investissement et l'innovation. L'ampleur avec laquelle les dépenses militaires vont induire la hausse du PIB va dépendre de leur capacité à augmenter la sécurité effective des personnes, des biens et des contrats. Cependant, dans les pays en développement, les dépenses militaires pourraient ne pas être guidées par le besoin de la sécurité publique mais par la recherche de rente du « Complexe militaro-industriel »[9].

La limite de l'approche des dépenses militaires pour canaliser l'impact du conflit civil sur la croissance tient principalement au fait que ces dernières ne sont pas toujours représentatives de l'ampleur de la guerre. De plus, cette approche pêche par une absence de prise en compte directe des effets dommageables de la guerre sur l'économie. Cette thèse de l'effet positif des conflits civils sur la croissance économique semble, par ailleurs, invalidée par les tenants et les aboutissants des « nouvelles guerres » civiles qui ne sont pas toujours motivées par l'intérêt public (Kaldor, 2012). En effet, les nouvelles guerres civiles, selon Kaldor, se démarquent des anciennes sur au moins trois plans : idéologique, le soutien populaire et l'économie des guerres. Sur le plan idéologique, les nouvelles guerres reposent fondamentalement sur des mobilisations identitaires, en contraste avec les buts idéologiques ou géopolitiques des anciennes. Les anciennes guerres se fondaient sur des idées, des projets tournés vers l'avenir, qui tendaient à être englobantes car fondées sur la poursuite du bien commun. Les politiques identitaires caractéristiques des nouvelles guerres sont plutôt fragmentées, tournées vers le passé, exclusives, portées par des mobilisations ethno-nationalistes. L'autre point de rupture consiste dans le fait que les anciennes guerres auraient bénéficié d'un très fort soutien populaire alors que les nouvelles en seraient dépourvues et ne se soucieraient guère de la population. Elles se caractérisent au contraire par leur violence, parfois extrême, contre les civils, donnant lieu à des crimes de masse et des déplacements forcés. En ce qui concerne l'économie des guerres, enfin, Kaldor montre qu'alors que les anciennes rébellions pouvaient survivre sur leurs propres forces et sans recourir à l'extorsion, les nouvelles se nourrissent toujours du détournement du bien public, du pillage et de la prédation, laquelle est fortement internationalisée, greffées notamment sur les circuits de trafics internationaux.

La deuxième thèse prend le contre-pied de celle soutenue par Benoît (1978) et soutient que les conflits civils sont fortement dommageables pour la croissance économique (Collier & Hoeffler, 1999 ; Collier & al., 2003). Dans cette perspective, l'impact des conflits civils est analysé dans le cadre du modèle de croissance

[9] Le « Complexe militaro-industriel » est défini par Melman (1970), cité par (Mampaey, 2009), comme un ensemble vague, défini de manière non officielle, constitué des entreprises produisant des produits militaires, des militaires de haut rang, et des membres des niveaux exécutif et législatif du gouvernement fédéral – tous unis par les relations de marché du réseau des produits militaires et partageant une idéologie commune quant à l'importance de maintenir ou d'élargir les forces armées des États-Unis et de leur rôle dans la politique américaine.

néoclassique augmenté du capital humain (Mankiw, Romer, & Weil, 1992) dont les quatre variables (le capital physique, la force de travail, le capital humain et la productivité totale des facteurs) en constituent les canaux de transmission[10].

Concernant le *capital physique*, cette thèse s'appui sur le fait que les conflits civils engendrent la destruction des infrastructures telles que les ponts, les bâtiments, les routes, etc. Le conflit civil provoque aussi la chute des investissements privés puisque, plutôt que de faire rentrer des capitaux à investir, la guerre tend à provoquer leur fuite (Collier & Hoeffler, 1999). Une augmentation des taux d'intérêts, due à des niveaux croissants d'incertitude et à l'effet d'éviction causé par l'endettement public, risque aussi de réduire drastiquement les niveaux d'investissement. Notons que l'ampleur de ces effets dépendrait de la gravité du conflit, de sa durée (Collier & Hoeffler, 1999) et de la proportion du pays touchée (Imai & Weinstein, 2000).

Dans la même perspective, les conflits civils engendrent la destruction de la *force de travail* à travers les décès et les déplacements de populations. Il est clair que les niveaux de population changent au cours des guerres en raison, non seulement des morts causées par la guerre, mais aussi des maladies et famines qui s'en suivent. En plus, les conflits civils provoquent des masses de réfugiés et des déplacements internes de populations à cause de la prise de contrôle de leur territoire par les rebelles ou de la destruction de leurs maisons. Au-delà de l'aspect démographique, le conflit civil peut affecter le rôle du travail dans la production à cause des distorsions du marché de ce dernier imposées par la guerre, notamment le travail forcé. Dans l'extrême cas, l'esclavage peut être introduit comme il en a été le cas en Allemagne pendant la Seconde Guerre mondiale, en Birmanie, au Libéria et au Soudan (Humphreys, 2003).

L'impact des conflits civils sur la population implique aussi la conséquence de ceux-ci sur la modification des savoir-faire et des compétences de la force de travail, en d'autres termes, le bouleversement du *capital humain*. En effet, en situation de guerre, les ressources humaines fuient le pays au cours des conflits. L'une des raisons de cela est que les travailleurs instruits possèdent souvent des moyens pour s'exiler en cas de conflit, qu'ils soient spécifiquement visés ou non par les belligérants. Par ailleurs, les conflits civils affectent le capital humain par le biais de la chute de l'investissement en éducation en raison de la fermeture ou la destruction des écoles, le recrutement des combattants parmi les élèves/étudiants et les enseignants, les déplacements forcés des familles et/ou la perte de leurs propriétés. La baisse de la scolarisation en cas de guerre se ferait particulièrement sentir chez les filles, naturellement à cause des problèmes de sécurité mais

---

[10] Il s'agit du modèle $Y(t) = K(t)^{\alpha} H(t)^{\beta} [A(t)L(t)]^{1-\alpha-\beta}$ dont les développements, pour intégrer les variables de conflit, sont présentés dans la section qui traite du cadre théorique constituant le sous-bassement de notre analyse empirique.

aussi du fait que, dans les pays en développement, le déficit de moyens financiers conduirait souvent à sacrifier les filles au profit des garçons. Enfin, la détérioration du capital humain peut résulter des cas de déficit de croissance des enfants pour cause de la guerre.

Pour ce qui est de *la productivité totale des facteurs*, la conviction selon laquelle la guerre déclenche des innovations technologiques bénéficiant généralement à l'économie a longtemps prévalu (amélioration des technologies de travail des métaux, développement d'internet, etc.). Cela n'est pas souvent le cas des guerres civiles de nos jours. Ce qui semble être normal car, pendant que les changements technologiques induits par la guerre sont liés à des innovations réalisées par des pays leaders sur le plan économique, les guerres civiles contemporaines se livrent largement dans des pays pauvres où l'adoption de la technologie militaire est plus efficace que l'innovation. Aussi, les pays pauvres touchés par les conflits armés se retrouvent-ils avec des stocks de Kalashnikovs et non pas avec la technologie ou les compétences pour les fabriquer (Humphreys, 2003).

En bloquant la liberté des mouvements, les conflits peuvent également interrompre *la production et le commerce* par le biais de la distorsion des échanges. La chute de la production résulte du fait que les populations deviennent moins productives lorsqu'elles sont déplacées ou incapables de se rendre sur leur lieu de travail à cause des mines anti-personnelles et d'autres menaces. En plus de cela, les risques de pillage taxent les activités économiques tandis que les réactions institutionnelles au pillage telles que la limitation des déplacements, la fermeture des marchés et l'imposition de couvre-feux frappent la production davantage et les échanges. La distorsion de l'économie et des échanges pourraient aussi être le fait de la création des monopoles par les gouvernements ou les groupes rebelles en vue d'accorder des faveurs à leurs partenaires économiques (Mwanasali, 2000). En fin de compte, les échanges requièrent une atmosphère de confiance et des institutions sociales qui sont souvent remises en cause en cas de conflit (Azam & al., 1995).

Notons qu'il pourrait y avoir d'autres canaux inobservables, à travers lesquels les conflits domestiques pourraient impacter la croissance économique. Murdoch & Sandler (2002a ; 2002b ; 2004), Sesay (2004) et De Groot (2010) notent par ailleurs qu'il serait naïf de croire que les effets néfastes de la guerre civile sur l'économie se confinent à l'intérieur du seul pays concerné. A travers la perturbation des activités et des échanges internationaux, les externalités induites telles que les flux de réfugiés et la circulation des armes, la guerre civile est susceptible d'affecter la région entière. A travers la drogue, la maladie et le terrorisme, une guerre civile pourrait même affecter les pays développés (Collier & al., 2003).

De Groot (2010) distingue quatre canaux par lesquels le conflit civil, éclaté dans un pays, pourrait négativement impacter la croissance économique des pays voisins : le capital, la main d'œuvre, le commerce sans oublier le risque que le conflit s'exporte dans les pays voisins. En cas de combats frontaliers ou transfrontaliers (il en est souvent le cas), les voisins primaires peuvent endurer des dommages collatéraux en termes de destruction de stock de capital (ponts, routes, installations électriques, etc.). Dunne & Tian (2015) montrent qu'en plus de cela, la guerre envoie du mauvais signal aux investisseurs potentiels qui, dans la plupart des cas, veulent minimiser le risque lié à l'investissement. Ceux-ci voudront fuir, non seulement le pays directement touché par le conflit mais aussi la région environnante, craignant que le conflit ne gagne les pays frontaliers.

La main d'œuvre est l'autre canal par lequel le conflit peut impacter la croissance économique des pays voisins. En raison de l'insécurité transfrontalière, les pays voisins peuvent, dans une certaine mesure, être touchés par la distorsion de la force de travail étant donné que ces derniers sont obligés à sécuriser leurs frontières. En outre, ces pays sont susceptibles de souffrir de la masse des réfugiés qui impactent négativement la croissance économique, en particulier les réfugiés non qualifiés et les pauvres[11].

Le commerce avec les voisins est l'un des canaux majeurs par lesquels le conflit d'un pays peut peser sur la croissance de ces derniers. Les pays voisins peuvent souffrir de la perturbation du commerce avec le pays en guerre. Il est vrai que, dans certains cas, ces pays vont chercher à substituer ces échanges par ceux des autres voisins stables si, d'aventure, ces derniers disposent des mêmes ressources que le pays touché par le conflit. Cela peut seulement amortir l'impact mais ne peut le faire disparaître totalement étant donné que les coûts liés aux échanges commerciaux entre les pays ne sont jamais comparables. Longo & Sekkat (2004) tentent de nuancer cet effet du canal de commerce en mettant en exergue la faible intégration commerciale entre les pays africains qui les pousse à commercer en grande partie avec les pays développés. Et, lorsque, à la suite d'un conflit, les pays développés sont amenés à substituer les échanges commerciaux qu'ils faisaient avec le pays en conflit, les pays voisins susceptibles d'avoir des ressources semblables sont des candidats intéressants. Ce serait là un phénomène potentiellement bénéfique pour les pays voisins de celui en conflit.

Le dernier canal identifié par De Groot (2010) est le risque qu'un conflit lui-même, suite aux divers liens transnationaux, naisse chez les voisins. Alors qu'il

---

[11] Les réfugiés, lorsqu'ils sont pauvres et non qualifiés, constituent un fardeau pour le pays hôte. Et en vertu de la fonction de croissance néoclassique, l'augmentation subite de la population dans les pays hôtes aura un impact négatif sur la croissance économique de ces derniers. En supposant m la croissance de la population due aux flux de réfugiés, le terme $n+\delta+g$ dans l'équation de croissance néoclassique sera remplacé par $n+m+\delta+g$. Ainsi, ce nouveau terme indique que l'accueil des réfugiés peut entraîner une décroissance du PIB/tête du pays hôte (Sesay, 2004).

semble évident de s'attendre à un tel effet chez les voisins primaires, le risque qu'il touche les voisins secondaires est très minime même si la deuxième guerre du Congo a pris une allure véritablement régionale qui a mobilisé les voisins non directs. Par ailleurs, en vue de contrer ce risque d'instabilité ou de conflit, Ades et Chua (1997) et Yildirim & Öcal (2016) montrent que l'instabilité régionale pousse les pays voisins à accroître leurs dépenses militaires, souvent au détriment des dépenses de santé et d'éducation. Signalons qu'en raison de l'intégration économique régionale et de l'effet multiplicateur régional (Eeasterly & Levine, 1997), les externalités négatives sont censées être sévères pour les pays entourés par plusieurs conflits. En définitive, il faut noter qu'au-delà de toutes ces études théoriques qui essaient d'emprunter une approche holistique, il y a à nos jours une absence de cadre théorique unifié dans ce domaine (Ansorg, 2011).

2.1.2. Revue de littérature empirique

Le rôle des conflits internes sur la faible croissance économique est mis en évidence depuis le papier d'Easterly & Levine (1997) qui montre que parmi les tragédies qu'a connue l'Afrique en matière de croissance économique, figurent les divisions ethniques et l'instabilité politique. Les études empiriques qui traitent du lien entre conflit civil et croissance sont relativement abondantes mais leurs conclusions ne sont pas convergentes. En plus de la multiplicité des approches, les difficultés d'analyse des effets des conflits civils sur la croissance économique sont reflétées par la diversité des indicateurs de conflit civil utilisés (Ganegodage & Rambaldi, 2014). Les variables les plus utilisées dans la littérature sont les variables dummies pour capter l'occurrence des conflits, le nombre de décès ou de victimes de la guerre par an et les dépenses militaires en pourcentage du PIB (Wijeweera & Webb, 2009 ; 2010).

Dans la littérature, on recense trois types d'études empiriques concernant l'impact des conflits civils sur la croissance économique. Le premier groupe essaie d'estimer le coût d'une guerre en utilisant un cadre comptable dans lequel les coûts budgétaires des dépenses militaires, sous forme d'une baisse des recettes fiscales et le coût de l'infrastructure détruite, sont pris en compte (Collier & al., 2003 ; Stewart & Fitzgerald, 2001). Le deuxième groupe compare la performance des pays touchés par le conflit à une situation sans conflit (Stewart, Huang, & Wang, 2001 ; Abadie & Gardeazabal, 2003).

La troisième série, la plus rependue, utilise les régressions économétriques (Collier & Hoeffler, 1999 ; Imai & Weinstein, 2000 ; Blomberg & Hess, 2006 ; Bodea & Elbadawi, 2008). Les travaux de ce genre sont subdivisés en deux catégories : les travaux qui s'appuient sur le modèle de la demande et ceux qui se basent sur le modèle de l'offre.

Les travaux qui partent de l'approche de la demande explorent la thèse de Benoit pour mettre en évidence l'impact des conflits civils sur la croissance économique via les dépenses militaires. Le papier le plus connu à ce sujet est celui de Wijeweera & Webb (2009) qui utilise une analyse VAR pour examiner le lien entre les dépenses militaires et la croissance économique de Sri Lanka qui, en raison de la guerre civile, a connu une augmentation significative des dépenses militaires tout en enregistrant une saine croissance économique. L'étude constate que les dépenses militaires ont un impact positif mais minimal sur le PIB, nettement faible par rapport à l'effet exercé par les dépenses non militaires. Leurs résultats renseignent que, sur une période de 10 ans, une augmentation de 1% des dépenses non militaires accroit le PIB à hauteur de 1,6% alors que les dépenses militaires ne font que l'augmenter de 0,05%. Ce qui suggère, enfin de compte, que les bénéfices économiques pour le Sri Lanka d'une paix soutenue sont nettement supérieurs à ceux induits par les dépenses militaires.

Comme nous l'avons souligné dans la littérature théorique, l'approche des dépenses militaires comporte cependant une limite, celle de ne pas considérer les effets directs de la guerre. C'est peut-être la raison pour laquelle, pour le même cas du Sri Lanka, Ganegodage & Rambaldi (2014) trouvent des résultats sensiblement différents quant aux effets de la guerre civile sur la croissance économique. En effet, à la différence de Wijeweeba & Webb (2009), ces auteurs partent d'un cadre théorique qui englobe à la fois les modèles de croissance néoclassique et endogène pour vérifier l'impact de la guerre civile sri lankaise sur la croissance de ce pays. Ils trouvent que la guerre a eu des répercussions importantes et négatives sur la croissance, aussi bien à court et à long terme (une moyenne annuelle de 9% du PIB). Ces auteurs avancent en effet que, pour une petite économie comme celle du Sri Lanka sans industrie d'armement, l'hypothèse de Benoit (1978) d'un effet positif de la guerre sur la croissance ne peut être plausible.

Pour le cas du Tchad, Abessolo (2004) cherche à savoir si les contre-performances enregistrées au cours de la période 1970-1990 ne seraient pas le résultat de l'environnement politique et social particulièrement instable qu'a connu le pays au cours de cette période. Avec les méthodes des MCO et des doubles moindres carrés ordinaires (DMC), l'auteur trouve une double influence négative exercée par l'instabilité sociopolitique sur la croissance économique, à la fois directement par le biais de la productivité globale des facteurs et indirectement via la faible accumulation du capital physique et du capital humain. D'autres travaux ont concerné des cas de pays individuels et débouchent tous sur la conclusion que les conflits domestiques affectent négativement la croissance économique des pays touchés. Nous pouvons citer, à titre d'exemple, Santhirasekaram & Amirthalingam (2010) pour le cas du Sri Lanka, Li (2007) pour le cas de la Chine,

Serneels & Verpoorten (2012) pour le Rwanda, Nkurunziza & Ngaruko (2008) pour le Burundi, etc.

Collier (1999), l'un des auteurs précurseurs dans ce domaine, s'est appuyé, lui aussi, sur le modèle de croissance néoclassique selon Mankiw, Romer, & Weil (1992). A cet effet, il postule un certain nombre d'effets que peut exercer un conflit civil sur les performances économiques d'un pays : la destruction des ressources, l'interruption et la perturbation de certaines activités économiques, la réallocation des dépenses publiques au détriment des activités pro-croissance, la diminution de l'épargne et enfin, la fuite des investissements vers les pays les plus surs. Sur un échantillon de 92 pays et sur la période 1960-1989, il trouve, à l'aide de la méthode des MCO (et celles des effets fixes et aléatoires pour la robustesse des résultats), que le conflit civil réduit le taux de croissance annuel de 2,2%. Cela veut dire que quinze ans de guerre civile pourraient réduire le PIB/ha d'environ 30%. L'une des lacunes de l'étude de Collier (1999), cependant, tient du fait que les hypothèses théoriquement annoncées des canaux par lesquels le conflit civil impacte la croissance n'ont pas été empiriquement testées.

Imai et Weinstein (2000) essaient de combler ce gap. Ces auteurs essaient en effet d'explorer les canaux économiques par lesquels la guerre civile dépouille un pays de son potentiel de croissance. A ce sujet, ils postulent deux arguments théoriques. D'abord, que le conflit civil impacte l'économie domestique en réduisant le niveau et la croissance du stock de capital. Ensuite, que le financement de ces conflits internes, au détriment des secteurs sociaux pro-croissance, détériore l'équilibre budgétaire de l'Etat. Pour tester leurs hypothèses, les auteurs utilisent la méthode des effets fixes en panel en vue de pouvoir capter l'effet spécifique pays. Leurs résultats indiquent, non seulement que les conflits civils infligent un effet négatif sur la croissance économique, mais aussi que la force motrice derrière cet effet négatif réside dans la chute de l'investissement domestique, en particulier l'investissement privé. Ils trouvent que le canal du déficit budgétaire n'est pas statistiquement significatif. En plus de l'identification des canaux, ce papier a le mérite d'introduire une mesure de la guerre civile qui reflète les différences dans la répartition géographique de celle-ci. En effet, certaines guerres peuvent se concentrer dans une région géographique particulière, avec peu d'impact économique direct sur les grandes villes, tandis que d'autres se répartissent dans tout le pays, allant jusqu'à perturber l'activité économique de la capitale et d'autres centres urbains. A ce sujet, leurs résultats suggèrent que les guerres civiles à grande échelle sont cinq fois plus coûteuses que les conflits de faible intensité et réduisent le taux de croissance à hauteur de 1,25% de PIB/ an.

Pour le cas de l'Afrique subsaharienne (ASS), Bodea & Elbadawi (2008) montrent que la violence organisée, en l'occurrence la guerre civile, explique une part substantielle de son déclin économique. Les auteurs étudient d'abord la probabilité d'occurrence des diverses manifestations de la violence politique (émeutes, coups d'Etat et guerre civile) en utilisant un modèle multinomial. Ensuite, ils utilisent les probabilités prédites de violence globale et ses trois manifestations pour analyser leurs effets sur la croissance. Les résultats des régressions, à l'aide de la méthode des moments généralisés en panel dynamiques appliqué au modèle AK de croissance endogène, suggèrent qu'en ASS la violence politique organisée, en particulier la guerre civile, réduit de manière significative la croissance économique à long terme. Ils constatent également que la fragmentation ethnique, principal vecteur de la guerre civile, a un effet négatif et direct sur la croissance, mais que son effet est sensiblement atténué par les institutions basées sur une société démocratique non partisane. Leurs conclusions révèlent que les guerres civiles constituent un facteur majeur du déclin économique de l'ASS et son écart de revenu croissant par rapport à l'Asie de l'Est. Les auteurs en viennent à suggérer que, pour sortir de son piège conflit-sous-développement, l'Afrique doit mieux gérer sa diversité ethnique, la façon de le faire étant de développer une démocratie inclusive et non partisane. Pour ces derniers, une politique démocratique, mais partisane, ne ferait pas l'affaire car, disent-ils, elle n'est que marginalement meilleure que les régimes autoritaires.

Ainsi qu'il est mentionné dans la littérature théorique, il est improbable que les conséquences économiques des guerres civiles soient limitées au seul pays touché par le conflit. Des répercussions négatives sur l'économie des pays voisins sont possibles. Dans la littérature empirique, les travaux de Murdoch et Sandler (2002a ; 2002b ; 2004) sont précurseurs sur cette question. Murdoch et Sandler (2002a), à partir d'un cadre théorique du modèle de croissance néoclassique de Solow augmenté du capital humain de Mankiw, Romer, & Weil (1992), intégrant les conflits domestiques et adjacents, montrent que ces derniers sont source d'effets négatifs sur l'économie. Sur un échantillon global composé de 84 pays pour la période de 1960-1990, ils trouvent que les conflits civils ont une influence négative significative sur le PIB/tête de l'état stationnaire aussi bien pour les pays concernés par le conflit que pour leurs Etats voisins. Pour ces derniers, l'ampleur de l'effet est fonction de la longueur de la frontière que ces voisins partagent avec le pays touché par le conflit. Cependant, alors que dans leur argumentaire théorique, ils postulent que la grande partie des externalités négatives de la guerre civile agissent à travers les canaux classiques tels que le travail, le capital humain et l'investissement, les résultats empiriques prouvent que les effets transitent par un canal inobservé spécifique à chaque pays.

Le papier de Murdoch & Sandler (2002b) comporte une valeur ajoutée par rapport au précédent dans ce sens qu'il met en évidence l'hétérogénéité géographique de la question en établissant une comparaison entre les continents à propos de la diffusion des externalités négatives des conflits. Selon les résultats de cette étude, l'ampleur de la diffusion des conséquences négatives des conflits civils est faible en Afrique, comparativement à l'Asie et l'Amérique latine. Cela dépendrait de la faible interdépendance entre les économies africaines. Tandis que les matrices de contigüité et la longueur des frontières communes sont utilisées dans leurs précédents papiers pour spécifier la diffusion des externalités des conflits, Murdoch & Sandler (2004) montrent que les matrices de distance se révèlent être les mesures les plus exactes de cette diffusion, suggérant par là que les dommages collatéraux des conflits civils peuvent s'étendre au-delà des voisins immédiats.

Sasay (2004) analyse, sur un échantillon de 72 pays en développement de par le monde, les effets d'un conflit dans un pays sur la croissance économique de ses voisins et sur les déterminants structurels de la croissance de ces derniers. A l'aide des méthodes standards d'estimation des données en panel (les effets fixes et aléatoires) en vue de contrôler les effets invariants dans le temps et les effets spécifiques-pays, l'auteure trouve qu'un conflit civil dans un pays affecte négativement la croissance des pays voisins. Ses résultats indiquent, en plus, que le conflit impacte la croissance des pays voisins à travers la réduction du commerce et de l'investissement domestique et étranger. En contradiction avec Murdoch & Sandler (2002b ; 2004), elle trouve que les effets des externalités des conflits civils sont plus sévères en Afrique par rapport aux autres régions. Enfin, selon ce travail, l'ampleur des externalités négatives des conflits est fonction du nombre de frontières touchées par le conflit et non le simple fait d'avoir une frontière commune avec le pays en guerre.

De Groot (2010) approfondit, pour le cas de l'Afrique sub-saharienne, la question de la diffusion des externalités négatives des conflits civils au-delà des voisins directs. En effet, son papier va plus loin pour analyser la plausibilité d'externalités négatives des conflits sur les voisins primaires et les voisins secondaires du pays en guerre. Elle considère le modèle de croissance néoclassique augmenté du capital humain à la Mankiw, Romer, & Weil (1992) et mobilise une méthodologie de l'économétrie spatiale dans laquelle les matrices d'interaction spatiale liées à la notion de distance minimale sont utilisées. Elle considère le caractère graduel de la proximité, ces matrices renseignant en quelque sorte sur la distance minimale qui peut séparer un pays en conflit à son voisin pour que ce dernier ait raison de craindre d'être touché par les conséquences du conflit. Ses résultats renseignent que les conflits impactent négativement, non seulement les pays touchés, mais aussi leurs voisins directs. Pour les pays non contigus à celui touché par la guerre, ses résultats renseignent un effet positif sur la croissance, les pays les plus proches étant les plus bénéficiaires de cet effet. Cela revient à dire que, pour un pays donné, être à proximité d'un pays en conflit n'est pas nécessairement une mauvaise chose.

Dunne et Tian (2015) s'intéressent, à l'image de De Groot (2010), au cas de l'Afrique en postulant les externalités spatiales des conflits chez les voisins primaires et secondaires. Leur papier innove sur un certain nombre de points. D'abord, contrairement aux travaux antérieurs qui se rapportaient à la période 1960-2000, ils considèrent les données de la période 1960-2010. Ensuite, ils vont plus loin dans la modélisation des externalités spatiales. En particulier, ils proposent une amélioration théorique des interactions spatiales en allant au-delà de la distance géographique pour tenir compte des distances économiques et politiques. En utilisant l'approche d'estimation des effets fixes en panels dynamiques, les résultats suggèrent que les conflits exercent un effet négatif fort sur la croissance des pays contigus, mais aucun effet n'est observé pour les pays non contigus. La prise en compte des distances ou similarités économique et politique laisse les résultats inchangés, suggérant par là que les effets des externalités des conflits sont, non seulement déterminés par la distance géographique, mais aussi par des liens entre les pays sur les plans économique et politique.

Dans ce qui suit, nous exposons le cadre théorique qui nous permet, dans la RGL, d'analyser empiriquement l'impact des conflits civils sur la croissance des pays touchés par la guerre. Pour mettre en exergue l'effet de la dimension régionale des conflits dans la région, nous allons intégrer les effets spatiaux des conflits sur la croissance économique. A ce sujet, étant donné la dimension et la relative homogénéité de l'espace concerné par notre analyse, nous ne faisons pas, contrairement à De Groot (2010) et Dunne & Tian (2015), de distinction entre les voisins primaires et secondaires. Par la suite, nous spécifions les interactions spatiales à l'aide des distances entre les capitales des pays.

2.2. Spécification du modèle de l'effet des conflits civils sur la croissance économique

Nous donnons, dans ce qui suit, le cadre théorique de base qui nous permet par la suite de modéliser l'effet des conflits civils sur la croissance économique ainsi que leurs externalités spatiales.

2.2.1. Cadre théorique de base

A l'instar des travaux de référence sur l'impact des conflits armés sur la croissance économique (Murdoch & Sandler, 2002a ; 2002b ; 2004 ; De Groot, 2010), le modèle théorique de base utilisé est le modèle de croissance néoclassique de Solow (1956) augmenté du capital humain selon Mankiw, Romer & Weil (1992). En vue de mettre en évidence les effets des conflits civils, nous faisons une extension du modèle de croissance ci-dessus pour inclure le conflit civil comme un déterminant de la croissance économique.

Le modèle de base de Solow (1956) est une fonction de production néoclassique de Cobb-Douglas de la forme suivante :

$$Y(t) = K(t)^{\alpha}(A(t)L(t))^{1-\alpha}, \ 0 < \alpha < 1 \tag{2.1}$$

avec :

- Y : la production
- K : le capital
- L : le travail
- A : le niveau de technologie

Dans ce modèle, les deux facteurs de production, capital (K) et travail (L) sont rémunérés par leurs produits marginaux. La population (travail) et le progrès technologique sont considérés comme étant exogènes et augmentent respectivement aux taux de n et g, ce que donnent les expressions suivantes :

$$Lt = L_0 e^{nt} \tag{2.2}$$

$$A = A_0 e^{gt} \tag{2.3}$$

Ainsi, le nombre d'unités de travail effectif, $A(t)L(t)$, croit au taux $n+g$.

On reproche au modèle néoclassique de croissance standard de ne pas prendre en considération l'importance du capital humain, en tant que source d'amélioration de la productivité. L'effet bénéfique de l'accumulation de capital humain sur la croissance est revenu au goût du jour à la fin des années 80 avec l'émergence des théories de la croissance endogène. En intégrant les motivations économiques qu'ont les agents à s'éduquer et l'impact que cette accumulation de connaissances peut induire sur le développement, les modèles de croissance endogène ont mis en avant l'idée que le capital humain est une condition nécessaire, sinon suffisante de la croissance soutenue, en tant que facteur de production des innovations (Romer, 1986 ; 1991) et des externalités sociales. C'est pourquoi Mankiw, Romer & Weil (1992) vont incorporer le capital humain dans le modèle de croissance de Solow. A la suite de cet ajout, la fonction de production de Cobb-Douglas comporte trois facteurs, le capital (K), le travail (L), le capital humain (H) et se présente de la forme suivante :

$$Y(t) = K(t)^{\alpha} H(t)^{\beta} [A(t)L(t)]^{1-\alpha-\beta} \tag{2.4}$$

avec $\alpha > 0$; $\beta > 0$; $\alpha + \beta < 1$.

Notons que, dans ce modèle, α et β sont des élasticités de production du capital physique et du capital humain, leur somme étant supérieure à *0* mais inférieure à *1*. *Y (t)* représente le produit réel agrégé (revenu) à l'année *t*, *A (t)* reflète le paramètre exogène du progrès technologique incorporé dans le travail et (1-α-β) est l'élasticité de production relative à l'unité effective de travail *A(t)L(t)*. La fonction de production dans cette équation est caractérisée par des rendements d'échelle constants et des rendements marginaux décroissants. Le capital physique et le capital humain se déprécient à un taux identique δ. Etant donné les rendements d'échelle constants, on peut exprimer la production comme une production par unité de travail effectif en divisant les membres gauche et droite de l'équation (1) par (*AL*). La fonction devient :

$$y(t) = k(t)^{\alpha} h(t)^{\beta} \tag{2.5}$$

lorsque $y = Y/AL$, $k = K/AL$ et $h = H/AL$ sont des quantités par unité de travail effectif.

L'étape suivante est de déterminer les équations de transition pour le capital physique et humain qui comptent pour la croissance du capital physique par tête ($\dot{k}$) et du capital humain par tête ($\dot{h}$). En supposant que les taux d'évolution du capital physique (K) et humain (H), du travail (L) et du progrès technologique (A) sont donnés par :

$$\dot{K}(t) = s_k Y(t) - \delta K(t) \tag{2.6}$$

$$\dot{H}(t) = s_K Y(t) - \delta K(t) \tag{2.7}$$

On peut dériver les équations de transition du capital physique et du capital humain comme suit :

$$\dot{k}(t) = s_k y(t) - (n + g + \delta) k(t) \tag{2.8}$$

$$\dot{h}(t) = s_h y(t) - (n + g + \delta) h(t) \tag{2.9}$$

lorsque le (.) au-dessus d'une variable signifie l'évolution de celle-ci et s_k et s_h égalent respectivement les taux d'investissement en capital physique et en capital humain.

En intégrant (2.5) dans (2.8) et (2.9), nous avons :

$$\dot{k}(t) = s_k k(t)^{\alpha} h(t)^{\beta} - (n + g + \delta) k(t) \tag{2.10}$$

$$\dot{h}(t) = s_h k(t)^{\alpha} h(t)^{\beta} - (n + g + \delta) h(t) \tag{2.11}$$

Etant donné qu'au niveau de l'état stationnaire (à l'équilibre), $\dot{k}(t) = \dot{h}(t) = 0$, nous avons :

$$s_k k(t)^{\alpha} h(t)^{\beta} = (n+g+\delta)k(t) \tag{2.12}$$

$$s_h k(t)^{\alpha} h(t)^{\beta} = (n+g+\delta)h(t) \tag{2.13}$$

En divisant (2.12) par (2.13), on obtient :

$$h = \frac{s_h}{s_k} k \tag{2.14}$$

En substituant (2.14) dans (2.12) et (2.13), et tout calcul fait, on a :

$$k^* = \left[\frac{s_k^{1-\beta} s_h^{\beta}}{n+g+\delta} \right]^{\frac{1}{1-\alpha-\beta}} \tag{2.15}$$

et

$$h^* = \left[\frac{s_h^{1-\alpha} s_k^{\alpha}}{n+g+\delta} \right]^{\frac{1}{1-\alpha-\beta}} \tag{2.16}$$

Les relations (2.15) et (2.16) reflètent l'état stationnaire de l'économie. Pour une économie donnée, et lorsqu'on substitue les valeurs de k^* et de h^* dans la fonction de production (2.5), le produit par travailleur au niveau de l'état stationnaire est :

$$y^* = A_0 e^{g_t} \left(\frac{s_k^{1-\beta} s_h^{\beta}}{n+g+\delta} \right)^{\frac{\alpha}{1-\alpha-\beta}} \left(\frac{s_h^{1-\alpha} s_k^{\alpha}}{n+g+\delta} \right)^{\frac{\beta}{1-\alpha-\beta}} \tag{2.17}$$

Sous forme log-linéaire et en considérant les dimensions temporelle et individuelle, le modèle s'écrit :

$$lny_{it} = a + gt + \frac{\alpha}{1-\alpha-\beta} ln(s_{kit}) + \frac{\beta}{1-\alpha-\beta} ln(s_{hit}) - \frac{\alpha+\beta}{1-\alpha-\beta} ln(n+g+\delta) \tag{2.18}$$

lorsqu'on considère que $\ln A_0$ est égal à la constante a. En suivant MRW (1992), l'équation (2.18) peut être réécrite dans sa forme estimable basique de la façon suivante :

$$gr_{it} = \beta_0 + \beta_1 ln(\text{SCH})_{it} + \beta_2 ln(\text{INV})_{it} + \beta_3 ln(n+g+\delta)_{it} \tag{2.19}$$

Dans l'équation ci-dessus, ln traduit le logarithme naturel, *gr* est le taux de croissance du revenu, *INV* est le l'investissement en capital physique, *SCH*est le niveau d'investissement en capital humain, *n* est le taux d'accroissement de la population active, *g* est le taux de croissance du progrès technique et δ est le taux de dépréciation. L'équation (2.19) met en exergue les variables de base qui sont censées influencer la croissance économique dans le modèle néoclassique. L'investissement en capital physique et en capital humain exerce un impact positif sur la croissance économique tandis que $(n+g+\delta)$, en réduisant l'investissement par tête, réduit cette croissance. Les β sont des coefficients et ^{o} est le terme d'erreur.

2.2.2. Inclusion des variables de conflit civil et les autres variables de contrôle

Afin d'opérationnaliser nos questions de recherche dans ce chapitre et ce, conformément aux considérations théoriques développées dans la revue de littérature, nous incorporons quatre variables de conflit dans le modèle estimable : les variables qui doivent capter les effets du conflit (CIV) et de son intensité (INTENSE) dans le pays hôte et deux autres variables qui véhiculent l'effet du conflit civil et de son intensité chez les pays voisins (W_{ij}*CIV et W_{ij}*INTENSE). Pour spécifier la diffusion spatiale de ces effets, nous construisons une matrice de voisinage appelée communément matrice de poids spatial (W_{ij})[12]. En vue d'être fidèle à certaines caractéristiques structurelles des économies étudiées, nous ajoutons, par ailleurs, dans la spécification finale les variables de contrôle suivantes :

- le taux de croissance de la période précédente (gr_{t-1}), terme autorégressif, qui permet de capter l'aspect dynamique de la croissance (Islam, 1995 ; Datta & Agarwal, 2004 ; Ding & Haynes, 2006).
- les dépenses publiques de consommation (DPC). Selon la théorie, les dépenses de consommation publiques affectent négativement la croissance économique à travers la taxation, l'éviction de l'investissement et de la production du secteur privé, et la recherche de rentes. Cet effet négatif est d'autant plus renforcé que les pays en développement qui sont importateurs nets de biens de consommation (Nubukpo, 2007).
- le niveau de l'inflation (INFL). Une forte inflation affecte négativement la croissance dans la mesure où elle est considérée comme un indicateur d'instabilité macroéconomique, ce qui décourage les investisseurs à la fois domestiques et étrangers.
- le degré d'ouverture commerciale (OUV). Le choix de cette variable est motivé par le fait que, de nos jours, aucun pays ne vit en système autarcique. Les ar-

12 Nous exposons, dans la section suivante, les détails sur la façon dont nous avons construits cette matrice de voisinage.

guments théoriques militent en faveur d'un effet positif. Cependant, une partie de la littérature met l'accent sur l'aspect conditionnel du lien entre commerce et croissance, suggérant que l'ouverture commerciale ne pourrait stimuler la croissance en l'absence d'un environnement économique, social et politique approprié. De ce point de vue, le signe attendu de cette variable reste ambigu.
- l'indice de la rente des ressources naturelles (NRA). La RGL qui fait l'objet de notre étude est réputée être abondamment dotée en ressources naturelles, particulièrement les minerais utilisés dans les composants électroniques. Or, aussi bien dans la théorie de la croissance (Sachs & Warner, 1995) que dans le cadre de l'économie des conflits (Collier & Hoeffler, 2004), l'abondance des ressources naturelles, ou plutôt la rente de ressources est supposée exercer, dans les pays en développement, un effet négatif sur la croissance, matérialisant la fameuse malédiction des ressources naturelles.

A la suite de tout cela, la forme définitive de l'équation à estimer comportant les dimensions individuelle et temporelle devient :

$$\begin{aligned} gr_{it} = {} & \beta_0 + \beta_1 gr_{it-1} + \beta_2 ln\mathrm{INV}_{it} + \beta_3 ln\mathrm{SCH}_{it} + \beta_4 (n+g+\delta)_{it} \beta_5 ln\mathrm{DPC}_{it} \\ & + \beta_6 ln\mathrm{INFL}_{it} + \beta_7 ln\mathrm{OUV}_{it} + \beta_8 \mathrm{NRA}_{it} + \beta_9 \mathrm{CIV}_{it} + \beta_{10}\mathrm{INTENSE} + \beta_{11} W_{ij}\mathrm{CIV}_{it} \\ & + \beta_{12} W_{ij}\mathrm{INTENSE} + \varepsilon_{it} \end{aligned} \tag{2.20}$$

Dans ce qui suit, nous exposons les choix méthodologiques de notre analyse empirique, en particulier la modélisation de la dépendance spatiale et de la matrice d'interaction spatiale ainsi que la méthode économétrique utilisée.

2.2.3. De la modélisation des externalités spatiales liées aux conflits civils

La prise en compte des interdépendances spatiales dans les modèles économétriques peut s'effectuer de plusieurs manières. Elle peut se faire à travers une auto-corrélation spatiale des erreurs opérationnalisée à travers un processus autorégressif sur les erreurs (modèle SEM), le souci étant de considérer une autocorrélation spatiale de nuisance liée à des variables omises, une mauvaise spécification de la forme fonctionnelle ou des erreurs de mesure. Dans ce cas, la dépendance spatiale n'est ni connue ni modélisée. Une deuxième façon de spécifier la dépendance spatiale se fait par le biais des variables endogènes spatialement décalées (modèle SAR) si la motivation qui préside à la spécification est, par exemple, de savoir si le taux de croissance du pays i dépend des taux de croissance de ses pays voisins. Dans une telle configuration, les spillovers sont de nature globale car ils se produisent sur l'ensemble de l'espace à travers le multiplicateur spatial. Enfin, la dernière façon de spécifier l'interdépendance spatiale repose sur des variables exogènes spatialement décalées à travers le modèle SLX (Spatial Lag of X) destiné à opérationnaliser les externalités spatiales liées à une ou toutes les variables explicatives (X). Cette spécification consiste, dès lors, en une écriture directe des externalités spatiales guidée, souvent, par des phénomènes explicatifs connus ou des faits observés que l'on souhaite tester (Baumont & Guillain, 2013).

L'objectif de la présente étude étant, justement, de mettre en évidence les externalités spatiales liées aux seules variables de conflits civils et non les spillovers globaux[13], nous considérons, dans ce travail, la spécification des effets spatiaux des conflits civils selon le modèle SLX[14]. C'est la même spécification spatiale, appliquée aux seules variables de conflits, qui a été mise en œuvre par Murdoch et Sandler (2002a ; 2002b ; 2004), De Groot (2010) et Dunne et Tian (2015). Ainsi, avons-nous intégré, dans notre équation, *W*civ et W*intense* en tant que variables exogènes spatialement décalées, ce qui nous permet de dissocier l'effet, sur la croissance, d'un conflit civil présent dans le pays *i* et des conflits civils présents dans les pays voisins j. En effet, dans le modèle SLX, l'observation y_i est expliquée par les valeurs prises par les variables de X dans le pays *i* et par les variables de X dans les pays voisins. L'impact d'un attribut X sur le taux de croissance combine un effet direct mesuré par le coefficient estimé et un effet indirect (externalités spatiales locales) mesuré par le coefficient estimé de la variable explicative spatialement décalée (Vega & Elhorst, 2013).

Dans cette spécification spatiale, W_{ij}est une matrice de poids spatial qui permet de paramétrer la structure de la connectivité spatiale entre N pays. Les matrices de poids se classent en deux grandes catégories : les matrices de contiguïté et les matrices de poids généralisées (Le Gallo, 2000). Une matrice de contiguïté, par exemple d'ordre 1, est une matrice carrée, symétrique, ayant autant de lignes et de colonnes qu'il y a de zones géographiques N et où chaque terme w_{ij} est défini comme suit :

---

13 Les effets spatiaux globaux sont empiriquement mesurés à travers les modèles intégrant des schémas d'interactions complexes de propagation et de feedbacks entre les pays (Baumont & Guillain, 2013).

14 Les développements récents de l'économétrie spatiale reconnaissent le modèle SLX comme l'approche la plus souple pour modéliser la dépendance spatiale (Vega & Elhorst, 2013). En particulier, ce modèle surmonte les inconvénients d'autres modèles spatiaux «traditionnels», SAR et SEM, en ce qui concerne notamment, pour le modèle SAR, l'indentification des effets causals des variables explicatives d'intérêt et, pour le modèle SEM, le fait d'omettre, par construction, toute information sur les spillovers spatiaux. En plus, contrairement à ces derniers, le modèle spatial SLX a l'avantage de ne poser aucun problème économétrique spécifique (Vega & Elhorst, 2013 ; Elhorst, 2014). Par conséquent, ce modèle peut être estimé par les MCO et les autres techniques d'estimation standards. Enfin, cette forme ne nécessite pas un software spécialisé pour produire des régressions valides (LeSage, 2014).

$$w_{ij} = \begin{cases} 1 & \text{si les pays } i \text{ et } j \text{ sont contiguës à l'ordre 1} \\ 0 & \text{sinon} \end{cases} \tag{2.21}$$

Par convention, un pays n'est pas contigu avec lui-même : $w_{ij} = 0$, quel que soit i. Cependant, l'idée d'un voisinage fondé exclusivement sur la notion de contiguïté présente un certain nombre de limites. En effet, la contiguïté binaire ne représente l'organisation des unités spatiales que d'une façon relativement sommaire. Pour le cas qui nous concerne, vu la relative homogénéité géographique, culturelle et linguistique qui caractérise l'espace sous étude, nous pensons que la matrice de contigüité ne permettrait pas de capter la réelle intensité des relations de dépendances pouvant exister entre les pays. D'où le recours, dans le cadre de ce travail, à la deuxième catégorie de matrices, les matrices de poids généralisées[15].

Il existe plusieurs matrices de poids généralisées, mais, en ce qui nous concerne, nous utilisons la matrice de distance. Nous supposons dans ce cas que l'intensité des externalités spatiales liées entre 2 pays i et j dépend de la distance entre les centroïdes des pays ou entre les capitales de ces derniers. Le principe de la matrice de distance repose ici sur l'idée générale selon laquelle deux unités spatiales connaissent une interaction d'autant plus forte (respectivement faible) que la distance qui les sépare est courte (respectivement longue). Dans ce travail, nous utilisons la distance géographique qui sépare les capitales de deux pays i et j. Diverses formes fonctionnelles sont également disponibles ; dans le cadre de ce travail, nous retenons une matrice d'interaction dont l'élément w_{ij} est l'inverse de la distance entre les capitales des pays i et j. Si d_{ij} désigne la distance entre le pays i et le pays j, les éléments de la matrice sont définis par :

$$w_{ij} = \begin{cases} 1/d_{ij}^{\beta} & \text{si } d_{ij} \leq \bar{d} \\ 0 & \text{sinon} \end{cases} \tag{2.22}$$

$\bar{d}$ est la valeur seuil au-delà de laquelle on suppose qu'il n'y a pas d'interaction directe entre le pays i et le pays j. Dans le cadre de ce travail, étant donné la taille de l'espace considéré et sa relative homogénéité, nous supposons que tous les pays sont susceptibles d'interagir, ce qui fait que nous n'avons fixé aucune distance seuil. Cela n'empêche que la force, des différents canaux par lesquels transitent les externalités spatiales liées aux conflits civils, diminue en fonction de la distance séparant les différentes capitales. Cela veut dire que la matrice de poids W^{dist} suppose une décroissance du poids avec la distance (avec d_{ij} la distance euclidienne entre les capitales des pays i et j pour $j \neq i$).

[15] Dans les matrices de poids généralisées, chaque élément représente l'intensité de l'interaction entre les deux pays, intensité qui n'est plus forcément reliée à la contiguïté.

Après normalisation :

$$w_{ij}^{\mathrm{dist}} = \frac{1/d_{ij}}{\sum_{ij}(1/d_{ij})}, \quad \text{avec } i \neq j \tag{2.23}$$

2.3. Analyse empirique des effets des conflits civils sur la croissance économique

Dans cette section, nous explicitons et justifions le choix de la méthode utilisée dans les estimations (2.3.1) et nous fournissons les statistiques descriptives des variables et les sources de données (2.3.2), avant de présenter les résultats leur interprétation (2.3.3).

2.3.1. Choix et justification de la méthode d'estimation

Pour évaluer l'effet des conflits civils et leurs externalités sur la croissance économique des pays de la RGL, nous implémentons la méthode des moments généralisés en système (GMM system). Bien que l'estimateur GMM système n'ait pas été construit pour introduire de variables décalées spatialement, (Kukenova & Monteiro, 2008) ont montré que ce modèle est recommandé, surtout, lorsque le modèle à estimer contient d'autres variables potentiellement endogènes. Ces auteurs indiquent qu'il est approprié d'instrumenter la variable décalée spatialement en utilisant les instruments proposés par l'estimateur GMM-système (c'est-à-dire les valeurs retardées de la variable décalée spatialement). Ainsi, cette méthode qui est, du reste, la méthode la plus utilisée pour adresser les problèmes d'estimation des modèles de croissance a fait l'objet de notre choix. Cela d'autant plus que nous avons vu en haut que le modèle spatial SLX ne pose aucun problème économétrique spécifique et peut, de ce point de vue, être estimé par les techniques d'estimation standards.

L'estimateur GMM-système suggéré par Arellano & Bover (1995) et Blundell & Bond (1998) passe l'équation en différence première et utilise comme instruments les retards de la variable dépendante d'au moins deux périodes et les retards des variables explicatives exogènes d'au moins une période. Les variables exogènes sont instrumentées par leurs valeurs en niveau retardées d'une ou plusieurs périodes. L'utilisation des variables retardées comme instruments diffère selon la nature des variables explicatives. Pour les variables exogènes, leurs valeurs courantes sont utilisées comme instruments. Concernant les variables prédéterminées ou faiblement exogènes (des variables qui peuvent être influencées par les valeurs passées de la variable dépendante, mais qui restent non corrélées aux réalisations futures du terme d'erreur), leurs valeurs retardées d'au moins une période peuvent être utilisées comme instruments. Quant aux variables endogènes, seules leurs valeurs retardées d'au moins deux peuvent être des instruments valides.

Le faible nombre de données individuelles contraint à limiter le nombre d'instruments utilisés dans l'estimation, ce qui est susceptible d'avoir des effets sur les propriétés des estimateurs. Néanmoins, Soto (2009) analyse via des simulations de Monte Carlo la performance de l'estimateur GMM quand le nombre d'individus est faible. Il montre qu'un faible nombre d'individus ne semble pas avoir d'importants effets sur les propriétés de l'estimateur.

Dans ce travail, nous considérons les des dépenses publiques, le taux de dépréciation du capital $(n+g+\delta)$ et la rente des ressources comme étant des variables exogènes car ces dernières ne semblent pas être influencées par le niveau de revenu ou son taux de croissance. Le revenu de la période précédente, le taux d'investissement, le niveau de l'inflation, le capital humain, le degré d'ouverture et le conflit civil spatialement décalé sont considérés comme faiblement liées au revenu et à son taux de croissance. Le conflit civil est considéré comme étant endogène à cause de la relation de causalité inverse qui lie cette variable avec le PIB/tête.

Deux tests sont nécessaires pour confirmer la validité des instruments utilisés. Le test de Sargan examine l'hypothèse que les instruments ne sont pas corrélés asymptotiquement avec les résidus. Le second test, proposé par Arellano & Bond (1991) et noté AR(2), examine l'hypothèse que les résidus de l'équation en différence première ne sont pas autocorrélés au second ordre.

2.3.2. Description des variables et sources des données

Neuf variables sont utilisées dans ce travail : le taux de croissance économique (*gr*) et le taux de croissance décalé d'une période (gr_{t-1}), le taux de croissance de la population (n) associé au terme $(g+\delta)$ supposé égal à 0.05 pour donner le terme $(n+g+\delta)$, la part de l'investissement dans le PIB défini comme (*invest*), défini comme le ratio de la formation brute de capital fixe sur le PIB, le capital humain que nous captons par le taux de scolarisation (*scol*) de niveau secondaire et le rendement à l'éducation (Barro & Lee, 2013), les dépenses publiques de consommation (*dpc*) comparées au PIB, l'inflation (*infl*) captée par l'indice des prix à la consommation, le degré d'ouverture (*ouv*) représenté par la somme des exportations et des importations en rapport avec le PIB, la rente des ressources naturelles (*nra*) mesurée par la différence entre les revenus générés par l'exploitation des ressources naturelles[16] et les coûts imputés à l'activité en pourcentage du

[16] Pour cette donnée fournie par la Banque mondiale, la rente des ressources naturelles totale est la somme de la rente de l'huile, la rente du gaz naturel, la rente du charbon, la rente des minerais et la rente de la forêt.

PIB, et le conflit civil (*conf*). Pour cette dernière variable, les données sont puisées sur la base « Center for Systemic peace »[17] qui fournit les épisodes majeures de la violence politique pour un grand nombre de pays. Ces données ont l'avantage de fournir, non seulement les données concernant la présence de conflits mais aussi le score de magnitude de celui-ci pour chaque pays et chaque année. La variable dépendante, *gr*, est définie comme $ln(Y_t)$ -$ln(Y_{t-1})$ et représente le taux global de croissance annuelle. Les sources de données pour cette variable ainsi que le taux de croissance de la population, les dépenses publiques, l'inflation, le degré d'ouverture et la rente des ressources naturelles proviennent des données de la Banque mondiale (WDI, 2014). Le niveau de l'investissement et le capital humain, considéré comme le taux moyen de scolarisation et rendement à l'éducation proviennent également de la base Penn World Table 8.1. Enfin, les données concernant la distance géographique entre les capitales des différents pays, utilisées dans la construction des matrices de poids, sont puisées sur la base de données de CEPII. Les variables de robustesse concernant l'insécurité régionale et de voisinage sont fournies par le *Center for Systemic Peace*. Toutes les variables explicatives, à l'exception des variables de conflit civil, sont exprimées en logarithme. Les données utilisées couvrent la période allant de 1990 à 2010 et concernent six pays de la RGL à savoir le Burundi, le Kenya, la République Démocratique du Congo (RDC), le Rwanda, l'Ouganda et la Tanzanie. Le tableau 3 de l'annexe contient les statistiques descriptives des variables du modèle spécifié ainsi qu'une synthèse des sources de données utilisées.

2.3.3. Présentation et discussion des résultats

Etant donné que nous voulons, non seulement évaluer les effets des conflits civils sur la croissance économique des pays de la RGL, mais aussi mettre en évidence les externalités spatiales de ces conflits, nous jugeons indispensable de tester la dépendance spatiale des individus de notre échantillon en coupe transversale.

2.3.3.1. Test de dépendance en coupe transversale des individus

Le test de dépendance individuelle permet de vérifier si les individus constituant le panel sont interdépendants les uns des autres ou, dans le cas contraire, indépendants. Le test le plus utilisé à cet effet est le *CD test* de Pesaran (2004). Pour ce test, l'hypothèse nulle H_0 est qu'il y a indépendance des observations individuelles en coupe transversale. La statistique CD de Pesaran est construite au tour de la moyenne des coefficients de corrélation entre les différents pays pris deux-à-deux pour chaque période de temps. Sous l'hypothèse nulle, cette statistique est

[17] Disponible sur le site wwwsystemicpeace.org

asymptotiquement distribuée selon une loi normale N(0,1). La moyenne des coefficients est donnée par Mean ρ et celle de la valeur absolue des coefficients de corrélation par Mean $|\rho|$. Le tableau 6 présente les résultats du test de la dépendance interindividuelle selon Pesaran (2004).

Tableau 6. Résultats du test de dépendance spatiale[18]

Variable	CD-test	p-value	Mean ρ	Mean $\|\rho\|$
Taux de croissance	3.76***	0.000	0.222	0.359
Dépenses publiques	0.80	0.422	0.422	0.378
Inflation	2.89***	0.004	0.175	0.362
Rentes des Rces naturelles	6.66***	0.000	0.391	0.391
N+g+δ	2.66***	0.008	0.114	0.646
Investissement	9.70***	0.000	0.628	0.628
Niveau de scolarisation	15.31***	0.000	0.978	0.978
Ouverture commerciale	4.88***	0.000	0.288	0.362

Les résultats ci-dessus nous montrent que l'hypothèse nulle d'indépendance des individus est fortement rejetée pour l'ensemble des variables au seuil de 1%, à l'exception des dépenses publiques de consommation. Donc, il y a une forte présence de dépendance en coupe transversale des individus, exception faite pour les dépenses publiques de consommation. Cela nous permet de présumer l'existence des externalités spatiales des conflits civils et que ces externalités pourraient transiter le taux de croissance lui-même ou par les variables expliquées, à l'exception des dépenses publiques de consommation.

Pour ces régressions, étant donné que nous voulons implémenter la méthode des moments généralisés (GMM-system) pour des raisons méthodologiques évoquées ci-haut, nous ne jugeons pas indispensable de tester la stationnarité de nos variables. En effet, à travers les instruments utilisés, cette méthode prend en charge la racine unitaire éventuelle que peuvent contenir les séries.

2.3.3.2. Les résultats des régressions de l'effet des conflits civils sur la croissance économique

Nous présentons dans le tableau 7 ci-après les résultats des régressions obtenus avec la méthode GMM en système à l'aide de la commande *xtabond2*. Pour avoir le coefficient de la variable dépendante retardée (gr_{t-1}) et le t de Student correspondant, la commande « *lincom* » est implémentée.

[18] Les variables binaires et celles présentant une évolution constante ne sont pas concernées par ce protocole

Tableau 7. Résultats des estimations des effets des conflits civils sur la croissance économique

Variables	(1)	(2)	(3)	(4)
gr_{t-1}	-0.741***	-0.743***	-0.742***	-0.749***
	(23.23)	(23.57)	(25.43)	(25.55)
Ln invest	0.009**	0.009**	0.010**	0.009**
	(2.82)	(2.77)	(3.56)	(3.98)
Ln scol	0.009	0.010	0.000	0.002
	(0.59)	(0.66)	(0.03)	(0.18)
Ln dpc	-0.014***	-0.015***	-0.017***	-0.017***
	(4.20)	(4.45)	(6.20)	(7.78)
Ln infl	-0.005***	-0.005***	-0.005***	-0.005***
	(6.01)	(6.02)	(6.19)	(6.57)
Ln (n+g+δ)	0.001	0.000	0.000	-0.000
	(0.25)	(0.06)	(0.05)	(0.16)
Ln ouv	-0.005	-0.004	-0.005	-0.004
	(1.08)	(0.93)	(1.29)	(1.15)
Ln nra	0.004	0.004	0.003	0.004*
	(1.77)	(1.95)	(1.78)	(2.37)
civ	**-0.006****		**-0.007****	
	(2.75)		**(2.95)**	
intense		**-0.001****		**-0.002****
		(2.70)		**(3.27)**
W*civ			**-0.007***	
			(2.56)	
W*intense				**-0.002***
				(2.33)
Constante	0.033**	0.032**	0.050**	0.044**
	(2.71)	(2.61)	(3.71)	(3.12)
Prob F-Stat	0.000	0.000	0.000	0.000
AR(1) : Pr>z	0.03	0.03	0,02	0,03
AR(2) : Pr>z	0.768	0.819	0.635	0.691
Sargan Test	0.110	0.095	0.193	0.160
Observations	102	102	102	102
Nombre de pays	6	6	6	6

Source : Construit par l'auteur à partir des résultats des estimations

La valeur absolue des t-student est entre parenthèses

*** significatif à 1%, ** significatif à 5 %, * significatif à 1%

Les régressions de nos équations avec la méthode de GMM en système révèlent que les modèles sont globalement satisfaisants au regard de la significativité de la statistique de Fisher (Pro F-Stat=0.00). Par ailleurs, les résultats montrent qu'on ne peut rejeter l'hypothèse d'absence d'autocorrélation des erreurs de second ordre car toutes les p-value de AR (2) sont supérieures à 10%.

Les modèles (1) et (2) comprennent, outre les variables de contrôle, la variable de conflit civil en termes d'occurrence et en termes d'intensité tandis que les deux autres modèles (3) et (4) comportent les mêmes variables de conflits civils mais spatialement décalées. Il ressort que dans tous les modèles, les résultats de nos régressions montrent que les coefficients de nos variables d'intérêt sont statistiquement significatives. Les coefficients du conflit civil et de l'intensité du conflit sont négatifs et statistiquement significatifs au seuil de 5 %. Cela signifie que, conformément aux attentes théoriques, la présence de conflit civil et son intensité exercent un effet négatif sur la croissance économique. Pour ce qui est des variables de conflit civil spatialement décalées, qui captent en réalité l'instabilité régionale et son intensité, leurs coefficients sont aussi négatifs et statistiquement significatifs au seuil de 10. Cela montre que le conflit civil dans un pays, qu'il soit considéré en termes d'occurrence ou en termes d'intensité, exerce un effet négatif sur la croissance des pays voisins. Ces résultats sont conformes aux conclusions des autres travaux ayant traité de la question sur d'autres espaces (Murdoch & Sandler, 2002a ; 2002b ; 2004 ; De Groot, 2010). Cela signifie que la présence de conflit civil dans un pays de la RGL peut être préjudiciable à la croissance économique de ses pays frontaliers et des autres pays de la région. En d'autres termes, les conflits civils de la RGL constituent un défi régional en matière de croissance économique par le fait de l'instabilité régionale induite par ces derniers. De ce point de vue, ces résultats épinglent, avec acuité, la problématique de l'instabilité régionale et remet à la surface le concept de *mauvais voisins*.

A ce sujet, Patrick (2006) montre que, dans les pays en développement, les conflits violents exercent des effets de débordement à travers les frontières perméables des Etats faibles et défaillants, déstabilisant ainsi des régions entières. Et étant donné que, dans de tels Etats, les structures de l'Etat s'écroulent et que les frontières deviennent perméables, ces pays exportent souvent la violence, les réfugiés, l'instabilité régionale et la dislocation économique aux Etats du voisinage. Ce risque est d'autant plus élevé que les Etats faibles, défaillants et en déliquescence sont souvent adjacents aux pays avec des caractéristiques similaires ayant peu de défense contre de tels effets de débordement. Cela s'est particulièrement produit dans la RGL au cours des années 1990 où le génocide rwandais et la guerre civile au Burundi ont eu des répercussions encore perceptibles aujourd'hui dans le grand RDC voisin, dont l'insécurité persistante dérange, à son tour, presque tous ses Etats voisins jusqu'aujourd'hui.

Concernant les variables de contrôle, le taux de croissance retardé, ls dépenses publiques et l'inflation exercent un effet négatif sur la croissance des pays de la RGL tandis que l'investissement influence positivement cette dernière.

Les autres variables de contrôle, i.e. le niveau de scolarisation, le taux de dépréciation du capital, l'ouverture commerciale et la rente en ressources naturelles ont des coefficients statistiquement non significatifs. Cela veut dire qu'au regard des résultats, ces variables n'exercent pas d'effet significatif sur la croissance économique des pays de la région. Cependant, nous devons revenir sur le cas particulier de la rente en ressources naturelles.

Les régressions sans la rente des ressources naturelles

Nous avons constaté que si nous effectuons les régressions sans contrôler pour la rente des ressources naturelles, les coefficients de toutes les variables de conflit civil deviennent statistiquement non significatifs. Cela transparait dans les résultats consignés dans le tableau 8 ci-après.

Tableau 8. Résultats sans la rente des ressources naturelles

Variables	(1)	(2)	(3)	(4)
gr_{t-1}	0.257	0.258	0.258	0.254
	(8.42)***	(7.93)***	(9.25)***	(9.06)***
Ln invest	0.012	0.012	0.012	0.012
	(4.11)***	(4.43)***	(5.01)***	(5.19)***
Ln scol	0.000	-0.002	-0.008	-0.010
	(0.00)	(0.21)	(0.91)	(1.28)
Ln dpc	-0.018	-0.018	-0.020	-0.021
	(4.19)***	(4.36)***	(5.73)***	(6.02)***
Ln infl	-0.006	-0.006	-0.006	-0.006
	(5.61)***	(5.64)***	(5.77)***	(5.91)***
Ln (n+g+δ)	-0.001	-0.001	-0.002	-0.002
	(0.23)	(0.28)	(0.74)	(0.53)
Ln ouv	-0.001	-0.001	-0.003	-0.002
	(0.17)	(0.15)	(0.65)	(0.43)
civ	**-0.002**		**-0.003**	
	(1.11)		**(1.43)**	
intense		**-0.001**		**-0.001**
		(1.49)		**(1.74)**
W*civ			**-0.009**	
			(1.64)	

Tableau 8. Résultats sans la rente des ressources naturelles

Variables	(1)	(2)	(3)	(4)
W*intense				**-0.002**
				(1.81)
Constante	0.036	0.038	0.058	0.055
	(3.60)**	(3.98)**	(4.45)***	(4.32)***
Prob F-Stat	0.000	0.000	0.000	0.000
AR(1) : Pr>z	0.022	0.022	0,021	0,031
AR(2) : Pr>z	0.578	0.588	0.509	0.499
Sargan T	0.097	0.086	0.218	0.176
N	104	104	104	104
Nombre de pays	6	6	6	6

Source : Construit par l'auteur à partir des résultats des estimations

La valeur absolue des t-student est entre parenthèses

*** significatif à 1%, ** significatif à 5 %, * significatif à 1%

Ces résultats renseignent que les ressources naturelles constituent, en toute vraisemblance, l'un des canaux de transmission de l'effet négatif du conflit civil sur la croissance aussi bien dans le pays objet du conflit que chez ses voisins. Pour essayer de comprendre cela, il faut rappeler d'abord que, dans la RGL, les ressources naturelles, principalement les minerais, sont elles-mêmes source d'instabilité et de conflit avec des dimensions régionales. Cette dimension régionale de financement de groupes armés par les ressources naturelles s'est bien illustrée en RDC où, jusqu'aujourd'hui, la présence de groupes armés étrangers utilisent les ressources naturelles pour générer des revenus en vue de financer le conflit et de parvenir à leurs fins. Githaiga (2011) cite, en guise d'exemple, les Forces démocratiques alliées (ADF), un groupe de rebelles d'Ouganda qui opère en RDC ayant été associé à une taxation illégale de l'or et du bois, et les Forces Démocratiques de Libération du Rwanda (FDLR) impliquées dans le commerce de minerais, bois et charbon ainsi que dans la production du cannabis.

Par ailleurs, il est empiriquement avéré que le phénomène de pillage et de prédation des ressources naturelles, s'accompagne souvent de l'affaiblissement des institutions à travers la corruption, l'affaiblissement de l'Etat et la dilution de la responsabilité (accountability) (Ross, 2003). Aussi, dans la RGL, les minerais entraînent-ils la criminalisation de l'Etat et celle de l'économie toute entière dont le trafic des armes et d'autres activités économiques illicites, la captation des devises du Trésor, de faux monopoles et fausses exonérations fiscales, etc. Tout cela ayant comme conséquence de saper les activités économiques productives pour, en fin de compte, plomber la croissance économique des pays de la région.

Robustesse des résultats concernant les effets spatiaux des conflits

Nous avons particulièrement cherché à vérifier la robustesse de nos résultats en ce qui concerne les effets de débordement des conflits civils sur les pays voisins. Pour cela, nous avons remplacé, dans nos équations, les variables de conflits civils spatialement décalées par les indicateurs fournis par le « *Center for Systemic Peace* » qui cristallisent, pour un pays donné, l'instabilité de voisinage (directe) et/ou l'instabilité régionale (selon la région politiquement pertinente à laquelle appartient le pays). Pour une année donnée, ces variables captent, respectivement, le nombre de voisins contigus touchés par le conflit civil (*nCIV*), les scores de magnitude de conflits civils chez les voisins contigus (*TOTCIV*), le nombre de voisins régionaux touchés par le conflit civil (*nRCIV*) et les scores de magnitude de conflits civils chez les voisins régionaux (*REGCIV*). Après avoir intégré ces variables, en remplacement de nos variables de conflits spatialement décalées, nous avons trouvé les résultats consignés dans le tableau 9 ci-après.

Tableau 9. Analyse de la robustesse par l'inclusion des variables de l'instabilité régionale fournies par le Center for Systemic Peace

Variables	(1)	(2)	(3)	(4)
gr_{t-1}	-0.752	-0.752	-0.750	-0.740
	(23.42)***	(27.47)***	(20.72)***	(25.75)***
Ln invest	0.008	0.009	0.006	0.008
	(2.84)**	(3.44)**	(2.70)**	(3.96)**
Ln scol	0.009	-0.006	0.020	0.004
	(0.72)	(0.70)	(1.50)	(0.36)
Ln dpc	-0.019	-0.015	-0.018	-0.014
	(9.59)***	(5.96)***	(10.96)***	(7.25)***
Ln infl	-0.005	-0.005	-0.005	-0.005
	(4.57)***	(4.35)***	(6.07)***	(5.56)***
Ln $(n+g+\delta)$	0.002	0.002	0.001	-0.000
	(0.47)	(1.19)	(0.47)	(0.10)
Ln ouv	-0.003	-0.006	-0.003	-0.006
	(1.06)	(1.46)	(1.08)	(1.44)
Ln nra	0.003	0.001	0.005	0.003
	(1.94)	(1.30)	(2.74)**	(2.31)*
Civ	**-0.006**	**-0.009**		
	(2.45)*	**(3.70)****		
Nciv	**-0.002**			
	(2.59)**			

Tableau 9. Analyse de la robustesse par l'inclusion des variables de l'instabilité régionale fournies par le Center for Systemic Peace

Variables	(1)	(2)	(3)	(4)
Nrciv		**-0.004**		
		(3.78)**		
Intense			**-0.002**	**-0.002**
			(4.08)***	**(12.07)*****
Lntotciv			**-0.007**	
			(3.86)**	
Lnregciv				**-0.013**
				(12.72)***
Constante	0.047	0.073	0.054	0.084
	(6.49)***	(4.26)***	(7.84)***	(10.99)***
Prob F-Stat	0.000	0.000	0.000	0.000
AR(1) : Pr>z	0.028	0.020	0,038	0,028
AR(2) : Pr>z	0.693	0.802	0.750	0.911
Sargan Test	0.148	0.242	0.156	0.181
N	102	102	101	102
Nombre de pays	6	6	6	6

Source : Construit par l'auteur à partir des résultats des estimations

La valeur absolue des t-student est entre parenthèses

*** significatif à 1%, ** significatif à 5 %, * significatif à 1%

Comme dans le cas précédent, les régressions des équations contenant les variables de robustesse à l'aide de la méthode de GMM en système montrent que les modèles sont globalement satisfaisants au regard de la significativité de la statistique de Fisher (Pro F-Stat=0.00). Les régressions montrent, en outre, qu'on ne peut rejeter l'hypothèse d'absence d'autocorrélation des erreurs de second ordre car toutes les p-value de AR (2) sont supérieures à 10%.

Concernant les variables de contrôle, l'introduction des variables du *Center for Systemic Peace*, captant les conflits civils dans les pays frontaliers et dans la région, ne remet pas en cause les résultats précédents. Il en est de même pour ce qui est de nos variables d'intérêt. En particulier, ces résultats confortent et renforcent l'évidence empirique que les conflits, dans la RGL, ont des effets de débordement sur les pays voisins et régionaux. En effet, les coefficients des variables de *Center for Systemic Peace* sont tous de signe négatif et sont statistiquement significatifs. Plus précisément, les résultats indiquent que, pour un pays donné de la région, si le nombre de pays frontaliers touchés par le conflit (*nCIV*) augmente de 1 %, la croissance économique de ce dernier diminuera de 0.002 %. Quant au nombre de voisins régionaux ayant un conflit civil (*nRCIV*), cette variable affecte négativement la croissance économique à hauteur de 0,004 %. Cela montre que l'instabilité régionale est plus préjudiciable à la croissance que ne l'est l'instabilité de voisinage. En plus, les résultats montrent que si l'intensité des conflits civils chez les pays frontaliers (*TOTCIV*) ou ceux des voisins régionaux (*REGCIV*) d'un pays de la région augmente de 1 %, cela induit une diminution de la croissance économique de ce dernier respectivement à hauteur de 0,007 % et de 0,013 %. Cela montre, une fois de plus que, dans la RGL, l'instabilité régionale nuit à la croissance économique que ne le fait l'instabilité de voisinage. C'est-à-dire que, plus la RGL est qualifiée d'instable, que cela soit dû au nombre de pays de la région touchés par la guerre civile ou que la guerre présente dans l'un ou l'autre pays est de forte intensité et/ou que les enjeux de cette dernière sont tels qu'elle menace d'embraser toute la région, cela affecte négativement la croissance économique de tous les pays de la région.

Conclusion

Le présent chapitre de notre thèse avait pour objectif d'analyser l'effet des conflits civils sur la croissance économique des pays de la RGL. En particulier, le chapitre cherchait à mettre en évidence l'existence des effets de débordement des conflits civils sur les économies des pays de la région. Pour ce faire, nous avons spécifié un modèle dynamique de croissance économique néoclassique qui incorpore, en plus des variables de contrôle usuelles, le conflit civil et le conflit civil spatialement décalé que nous avons estimé à l'aide de la méthode GMM en système.

Les résultats de nos régressions ont mis en évidence une série de renseignements qui ressortent de nos résultats. Dans la RGL, les conflits civils exercent un effet négatif sur la croissance économique des pays concernés. Les résultats montrent par ailleurs que, dans cette région, les conflits civils exercent des effets de débordement sur les pays voisins en impactant négativement la croissance économique de ces derniers. Les deux conclusions viennent confirmer la deuxième hypothèse selon laquelle les conflits civils de la RGL impactent négativement la croissance économique des pays touchés et celle des pays voisins. A partir de l'analyse de la robustesse utilisant les variables du *Center for Systemic Peace*, les résultats renseignent que, dans la RGL, l'instabilité régionale est plus préjudiciable à la croissance que l'instabilité de voisinage.

Les conclusions de notre analyse forcent à dire que les conflits civils, dans la RGL, ne doivent être la préoccupation des seuls Etats touchés par la guerre. En substance, cela veut dire qu'en cas de conflit civil touchant un pays particulier, les gouvernements des pays de la région ne devraient pas adopter une attitude belliqueuse, il en est souvent le cas, en soutenant l'une ou l'autre partie en conflit, mais devraient s'évertuer à aider à trouver un dénouement pacifique et rapide de la crise. Aujourd'hui en effet, les pays comme le Rwanda et l'Ouganda, engagés dans une dynamique vertueuse d'industrialisation et de croissance, ont aujourd'hui plus besoin de débouchés régionaux que de climat hostile à leurs frontières.

Plusieurs canaux de transmission peuvent être à l'origine des externalités négatives de conflits civils constatées dans la RGL. Dans le troisième chapitre, nous allons vérifier si le canal de commerce régional pourrait en constituer un.

Chapitre III. Effets des conflits civils sur la croissance économique des pays des Grands lacs africains : le canal du commerce régional

Introduction

Depuis Smith (1776), le commerce international est considéré comme l'un des pilliers de la croissance économique. Aujourd'hui, les fondements théoriques des retombées positives de l'ouverture commerciale sur la croissance sont soutenus par deux courants de pensée : l'approche classique et néo-classique du commerce international et la théorie de la croissance endogène. D'une part, l'approche classique explique les gains tirés de la libéralisation commerciale par les avantages comparatifs, que ceux-ci soient sous la forme de différences technologiques (modèle classique ricardien) ou de dotations en ressources naturelles (modèle néo-classique de Hecksher-Ohlin). D'autre part, la littérature sur la croissance endogène suppose que l'ouverture commerciale affecte positivement le revenu par tête et la croissance au travers d'économies d'échelle et de la diffusion technologique entre les pays. En somme, l'ouverture commerciale, qu'elle soit par le biais de réformes nationales, des accords régionaux ou des négociations multilatérales, exerce des effets bénéfiques sur l'économie. Du reste, l'argument de l'effet positif du commerce international sur la croissance repose aussi sur un fait stylisé majeur. En effet, la croissance de l'Asie de l'Est et du Sud-Est de ces dernières années a été pour l'essentiel tirée par la libéralisation du commerce et le choix assumé de ces pays de produire pour le marché mondial plutôt que de chercher à se suffire à eux-mêmes (Baldwin, 2004).

Cependant, contrairement aux pays Est-asiatiques et certains pays latino-américains, les pays de l'ASS sont restés à la traine malgré les efforts de mise en œuvre des modèles de croissance tirée par les exportations et la formation des blocs régionaux. Pour tenter d'expliquer cela, la littérature économique met en avant l'aspect conditionnel de la relation commerce-croissance. De ce point de vue, l'ouverture commerciale ne saurait conduire à la croissance en l'absence des conditions économiques, sociales et d'environnement politique appropriés. Un climat propice aux affaires, des infrastructures et la suppression de certaines barrières au commerce devraient être assurés pour que les importateurs et les exportateurs potentiels puissent effectivement tirer profit des opportunités offertes par l'ouverture (Goldin & Reinert, 2007). A ce sujet, Longo & Sekkat (2004) avancent que certains facteurs institutionnels tels que les politiques économiques peu judicieuses et les tensions politiques internes en Afrique semblent peser sur le commerce régional. Ils montrent notamment que les tensions politiques ont des répercussions néfastes non négligeables sur le commerce régional. Elles peuvent notamment nuire à la production et au transport des marchandises à travers les frontières. Lorsque ces tensions ont une dimension régionale, le commerce régional est parmi les principaux secteurs touchés. Dans cette perspective, Baliamoune-Lutz & Ndikumana (2007) et Baliamoune-Lutz (2009) montrent que l'ouverture commerciale, dans un contexte de fragilité des Etats et des institutions (dont le conflit civil est souvent l'aboutissement ou la cause), est nuisible à la croissance économique. Brükner & Lederman (2012) poussent la réflexion plus loin en montrer qu'en ASS, l'impact positif de l'ouverture commerciale sur la croissance économique décline sous l'effet de la polarisation ethnique. Or, la polarisation ethnique est l'une des causes majeures des conflits civils dans cette région.

Il est vrai que pour promouvoir les échanges commerciaux régionaux en vue de réaliser la croissance et le développement, les pays de la Région des Grands Lacs (RGL) se sont engagés dans de multiples accords d'intégration économique régionale. Cette partie de l'Afrique est décrite par bon nombre d'auteurs comme un espace à forte vocation régionale en raison de l'homogénéité culturelle et linguistique, de fortes complémentarités naturelles et historiques ainsi qu'un réseau routier et ferroviaire interconnecté (Léon, 2004, Porhel, 2004 et Merino, 2011). Malheureusement, la région est profondément marquée, depuis les années 1990, par une dynamique de persistance de conflits civils dont certains ont un caractère véritablement régional.

De ce point de vue, il est opportun de s'interroger sur l'impact du commerce régional sur la croissance économique des pays de la RGL dans ce contexte de conflits civils récurrents et persistants. Ainsi, ce chapitre se propose de voir si les conflits civils ne constitueraient pas un frein aux effets bénéfiques du commerce régional sur la croissance économique. Autrement dit, il est question de voir si, dans la RGL, le commerce régional ne serait pas un canal par lequel se transmettent les effets des conflits civils sur la croissance. En nous appuyant sur Blomberg & Hess (2006) qui soutiennent que les conflits intra ou interétatiques affectent les économies nationales à travers le canal domestique et le canal indirect de la globalisation, principalement le commerce, nous postulons, dans le cadre de ce chapitre, que le commerce régional constitue, pour les pays des grands lacs, l'un des canaux par lesquels les conflits civils affectent négativement la croissance.

La suite du chapitre est organisée comme suit. La deuxième section est consacrée à la revue de littérature théorique et empirique. La troisième section présente la spécification du modèle à estimer ainsi que les autres aspects méthodologiques tandis que la quatrième section est dédiée aux principaux résultats et à leur interprétation. La cinquième section conclut le travail.

3.1. Revue de littérature sur les interactions entre les conflits civils, le commerce régional et la croissance économique

Cette section présente la revue de littérature théorique (3.1.1) et la revue de littérature empirique (3.1.2) sur le lien triptyque conflit civil-commerce régional-croissance économique.

3.1.1. Revue de littérature théorique

Dans la littérature économique, l'ouverture commerciale est considérée à la fois comme un moteur et un catalyseur de la croissance (Blancheton, 2004). L'ouverture joue le rôle de moteur de la croissance à travers l'allocation optimale des facteurs, la diffusion de l'innovation et de la connaissance et l'exploitation des économies d'échelle. Dans la perspective ricardienne, la spécialisation des économies nationales due à la libéralisation des échanges permet une économie globale de facteurs de production et, de ce fait, un déplacement de la frontière de production. Concernant la théorie néo-classique du commerce de Hechscher-Ohlin, en 1938, le commerce exerce un effet direct sur le rendement réel et nominal du facteur abondant. Or, le modèle de Harrod-Domar suggère que, lorsque la productivité du travail reste constante, le commerce accroît l'efficience en augmentant la productivité du capital qui, en retour, augmente le taux de croissance. Bien évidemment, le modèle de croissance néo-classique initié par Solow (1956) soutient que l'impact de l'ouverture sur la croissance n'a pas d'effet permanent. L'état stationnaire est indépendant du commerce puisque les politiques commerciales n'ont aucun effet sur la technologie qui est, dans ce modèle, un facteur exogène.

C'est dans le cadre des théories de la croissance endogène initiées par Romer (1986) et Lucas (1998) que l'ouverture commerciale peut exercer un effet sur la technologie qui, dans ces modèles, devient un facteur endogène. Dans ces modèles, le commerce est censé accroître la productivité et l'efficience à travers les externalités technologiques. Dans ce cadre, Grossman et Helpman (1991b) soutiennent que l'ouverture commerciale accroît la croissance économique à travers plusieurs canaux : l'élargissement des variétés disponibles de biens intermédiaires et d'équipements qui, à leur tour, rehausse la productivité des autres ressources du pays, l'accès aux nouvelles technologies et à l'innovation pour les pays en développement, l'intensification de l'utilisation du capital et, enfin, l'exploitation d'économies d'échelle statiques et dynamiques à travers la constitution de grands marchés et l'allongement des séries produites.

Notons que l'activité d'exportation peut aussi imprimer aux firmes une amélioration de la productivité par le biais du processus d'apprentissage dû à l'accès aux marchés étrangers exigeants. En effet, l'exportation peut mettre les firmes en contact direct avec les clients internationaux dotés d'une capacité de discernement technologique, ce qui oblige ces firmes à faire une mise à jour de leurs technologies de production[19]. A ce propos, Kapur, Ramamuti, & Moitra (2001), pour le cas de l'Inde, montrent que l'accès rapide et croissante au marché de logiciels américains, dont les consommateurs sont exigeants sur le plan de la qualité, aurait fortement contribué à améliorer la compétitivité du secteur indien des softwares. Les gains de productivité obtenus dans les secteurs d'exportation peuvent, par la suite, se diffuser à l'ensemble de l'économie nationale par le biais de la baisse des prix relatifs des biens d'équipement. Enfin, dans le cadre du courant théorique de la croissance endogène, l'ouverture commerciale donne accès au stock mondial de connaissances (Rivera-Batiz & Romer, 1991) et l'exploitation des rendements d'échelle croissants par les secteurs de la recherche grâce à la constitution de grands marchés[20] (Grossman & Helpman, 1991a). Pour Levine & Renelt (1992), l'ouverture commerciale affecte la croissance à travers l'investissement. Il montre en effet que la libéralisation du commerce permet l'accès aux biens d'investissement et favorise les investissements directs étrangers (IDE), ce qui conduit à une croissance économique de long terme. Les IDE risquent cependant d'entrainer une baisse de l'investissement domestique due à une forte concurrence étrangère. De ce point de vue, l'effet net est ambigu.

L'ouverture commerciale joue aussi le rôle de catalyseur de la croissance. En effet, à travers l'intensification de la concurrence, l'ouverture constituerait un facteur de rationalisation au sein des économies. Au niveau microéconomique, la concurrence commerciale accélère la recherche des gains de productivité, l'effort d'adaptation à la demande et le rythme de l'innovation[21]. Au niveau macroéconomique, l'ouverture commerciale constitue un facteur disciplinant en matière de conduite des politiques conjoncturelles et un facteur d'orientation des politiques

---

19 Les gains de productivité sont évidemment subordonnés à l'investissement dans l'apprentissage des nouvelles technologies et procédés.

20 Chaque pays peut consacrer une part plus importante de capital humain à la recherche.

21 A ce niveau, l'ouverture commerciale peut même induire une croissance pro-pauvre. Cela a surtout été vérifié dans le cadre de la libéralisation des filières des cultures de rente (coton, café, thé) dans les pays en développement où les agriculteurs étaient confrontés à une structure de marché en monopsone exercé par les sociétés d'Etats. Dans les cas comme celui du Zimbabwe, la libéralisation commerciale a permis aux cultivateurs de bénéficier d'une augmentation des prix et l'accès aux autres services du fait de l'entrée sur le marché de nouveaux intervenants (Goldin & Reinert, 2007).

structurelles vers plus de flexibilité et, partant, vers une meilleure allocation globale des ressources. L'ouverture commerciale peut aussi obliger les sociétés à rendre plus efficace leurs institutions, leur système éducatif pour s'approprier des innovations, effort pour faire reculer le népotisme et la corruption, effort pour améliorer le système de santé. L'ouverture commerciale serait ainsi, par ce canal, un catalyseur du développement (Blancheton, 2004).

Le commerce international est aussi une force motrice qui catalyse les changements de technologie et de qualification. Cela peut se produire de trois manières. D'abord, le commerce pourrait inciter les entreprises des secteurs en concurrence avec les importations à mettre en œuvre une stratégie d'*innovation défensive* (Wood, 1995). Ensuite, lorsque les entreprises ont la possibilité d'importer des technologies de qualité, le commerce incite à améliorer la qualification des employés en important la technologie orientée vers le travail qualifié incorporée dans les équipements de meilleure qualité, un processus qualifié par Robbins (1996) de « learning by exporting ». Enfin, pour réduire les fuites d'information et conserver une avancée technologique, les entreprises augmentent la part de la connaissance implicite et du savoir-faire non codifié incorporé dans leurs processus de production, c'est-à-dire des innovations difficilement imitables et dont le contenu en qualification est élevé (Thoenig & Verdier, 2003).

L'impact positif du commerce international sur la croissance économique peut cependant être contrarié par un certain nombre de facteurs dont les conflits civils. A ce propos, Blomberg et Hess (2006) indiquent que les conflits armés peuvent nuire à l'économie via deux canaux : le canal domestique et le canal de commerce international (ou la globalisation). Concernant ce second canal, la littérature économique montre que la violence armée pénalise l'économie réelle au même titre que les coûts et taxes commerciaux. En effet, les conflits, qu'ils soient externes, internes ou le terrorisme, entraînent la baisse du commerce qui conduit au déclin de l'activité globale et à la baisse du revenu. Ainsi, de l'avis de ces auteurs, la violence armée est une entrave au commerce, de loin supérieure aux taxes et tarifs commerciaux, et limite l'effectivité des bienfaits du commerce libre. Enfin, les situations de guerre offrent souvent un terrain favorable aux activités commerciales illégales, non seulement en armes, mais aussi à travers le trafic des drogues et des êtres humains. Les combats peuvent bloquer les principales routes commerciales, ce qui engendre la hausse des coûts de transport et, au pire des cas, crée des monopoles commerciaux de guerre. Anderson & Marcouiller (2002) soutiennent le même raisonnement en montrant que la corruption et l'application des contrats imparfaits, induits par la violence armée et l'insécurité, entravent le commerce international.

A partir du schéma 1, Couttenier & Vicard (2012), désignent deux canaux par lesquels les conflits civils impactent la croissance d'un pays voisin de celui touché par le conflit. Il s'agit du canal direct à travers l'insécurité et les flux de réfugiés [flèches (1)] et du canal indirect par le biais de la réduction de son commerce extérieur [flèches (2) et (3)].

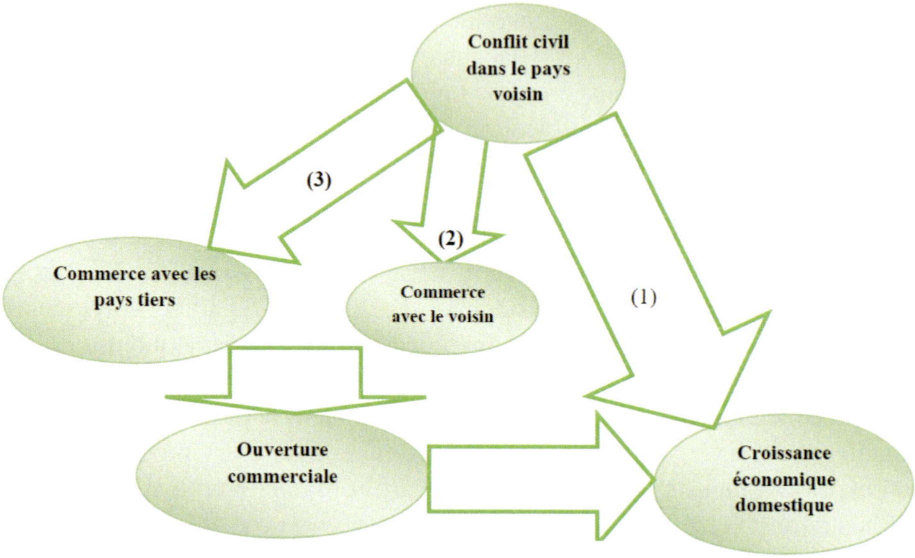

Figure 3. Effet des conflits civils, via le canal de commerce, sur la croissance

Source : Adaptation de l'auteur à partir de Couttenier & Vicard (2012)

Concernant ce second canal, les auteurs considèrent en effet que, lorsqu'il se produit dans un pays qui sert de transit pour son voisin, un conflit civil accroit les coûts commerciaux de ce dernier. Ce qui réduit son commerce international et, au final, impacte négativement sa croissance économique.

3.1.2. Revue de littérature empirique

Dans les années 1990, une série d'études empiriques, en coupe transversale, conclue sur une relation positive entre le commerce international et la croissance (Dollar, 1992 ; Sachs & Warner, 1995 ; Frankel & Romer, 1999 ; Edwards, 1993 ; 1998). Dollar (1992) propose deux indices, l'indice de distorsion du taux de change réel et la variabilité du taux de change réel, pour mesurer la libéralisation commerciale. Il trouve une corrélation négative entre les distorsions de taux de change réel et la croissance, suggérant par là un impact positif du commerce sur la croissance. Les résultats de son étude montrent que, pour la période 1976-1985, les économies ouvertes croissent plus rapidement comparativement aux économies fermées durant la période. L'auteur suggère ainsi aux pays en développement d'accélérer leur processus de libéralisation pour expérimenter la croissance.

Edwards (1993) fait une étude de la relation entre ouverture et croissance économique pour certains pays par une analyse en coupe transversale. Son échantillon comporte des pays ayant pratiqué la politique commerciale protectionniste et d'autres ayant mis en œuvre une politique d'ouverture. Son étude aboutit à la conclusion selon laquelle, contrairement aux politiques d'ouverture, la stratégie d'import-substitution n'a pas su générer la croissance de long terme. Ce qui laisse entendre que l'ouverture commerciale favorise la croissance. Cependant, les résultats de son analyse, en coupe transversale, ont été critiqués pour leur manque de robustesse.

Les travaux de Ben-David (1993 ; 2001) cherchent à analyser l'impact du commerce international et de la libéralisation sur l'hypothèse de convergence économique. L'auteur soutient dans ces études que la libéralisation commerciale favorise la convergence du revenu. Les études de Ben-David suggèrent que la convergence passe par le fait que la libéralisation commerciale relève la compétition et augmente la capacité d'absorption de la connaissance extérieure et des idées pour les firmes domestiques de telle façon que les niveaux de connaissance entre les pays convergent vers un niveau commun et cela conduit à la convergence du revenu par tête.

Sachs et Warner (1995) estiment des équations de croissance sur la période 1970-1989 pour un échantillon de 122 pays. Les auteurs utilisent une variable dichotomique qui marque d'année en année le caractère peu ouvert d'un pays si un critère au moins parmi les 5 est respecté[22]. En sens inverse, une économie est dite ouverte si aucune des cinq conditions ne s'applique. L'étude suggère une relation positive et significative entre l'ouverture commerciale et la croissance. Selon les résultats de cette étude, les PED ouverts ont enregistré un taux de croissance de 4,49 % par an contre 0,69 % pour les PED fermés. Les auteurs en viennent à conclure que l'absence de convergence globale dans l'économie mondiale au cours des dernières décennies pourrait bien être la conséquence des régimes fermés pratiqués par la plupart des pays pauvres. Pour eux, les politiques d'ouverture expliquent la croissance.

Frankel & Romer (1996) se démarque des études précédemment évoquées dans le sens où les auteurs cherchent à résoudre le problème de la causalité simultanée entre croissance et ouverture commerciale. Ils utilisent les déterminants exogènes des échanges issus d'un modèle gravitationnel en tant que variables ins-

[22] Les cinq caractéristiques sont les suivants : barrières non tarifaires couvrant 40 % ou plus du commerce total ; droits de douane moyens supérieurs ou égaux à 40 % ; taux de change sur le marché noir avec une prime de 20 % ou plus par rapport au taux de change officiel en moyenne durant la période ; système économique socialiste ; monopole d'Etat sur les principaux produits d'exportation.

trumentales. Les résultats de leur travail font apparaître un impact très fort des déterminants des échanges sur les performances économiques. De ce point de vue, leur travail a le mérite de retenir une définition large du commerce puisqu'ils prennent à la fois en compte les importations et les exportations, les deux ayant la possibilité d'impacter la croissance à travers des retombées technologiques positives.

Cependant, dans les études précédentes, la mesure statistique de l'ouverture se pose, ce d'autant plus que les mesures de protection commerciale sont nombreuses et pesantes dans un pays donné. Il se pose en effet les problèmes d'agrégation des droits de douane, de conversion des mesures non tarifaires en équivalents tarifaires, et de vérification du degré de crédibilité et de respect des politiques commerciales (Cling, 2006). D'autres indicateurs d'ouverture utilisés reposent largement sur des questions hors du domaine de la politique commerciale telle que la volatilité du taux de change réel, la prime sur le marché des changes parallèle, le monopole d'exportation, etc.

Pour contourner les problèmes posés par l'estimation de la relation ouverture-croissance, certains travaux choisissent de faire une étude directe du lien entre commerce et croissance. Ce choix permet de résoudre les problèmes de définition des indicateurs d'ouverture et de mesure statistique qui sont résolus par construction du volume de commerce. C'est ainsi que, en vue de corriger le problème de l'endogénéité du commerce dans l'équation de croissance, Frankel & Romer (1999) estiment la relation entre taux d'ouverture mesurée par le ratio « échanges/PIB » et niveau à long terme du PIB/ha, en ne s'intéressant qu'à la part de l'ouverture qui est indépendante du niveau de revenu. Pour ce faire, ils procèdent en deux étapes. Ils estiment d'abord une équation de commerce bilatéral à l'aide d'un modèle gravitationnel où les variables explicatives sont de nature démographique (population) et géographique (superficie, enclavement, distance aux partenaires commerciaux). L'agrégation de cette équation pour un pays donné leur permet d'avoir une estimation de la composante géographique du commerce de ce pays. Ils estiment ensuite une équation où la composante géographique du commerce est utilisée comme instrument et où la population et la superficie du pays sont utilisées comme variables explicatives. Avec les données de 63 pays relatives à l'année 1985, les auteurs concluent que le taux d'ouverture, mesuré par la part du commerce bilatéral due aux facteurs géographiques, est positivement corrélé au niveau de PIB/ha. Ils montrent qu'un point supplémentaire de taux d'ouverture se traduirait par un gain de PIB compris entre 0,5 et 2 points à long terme.

Néanmoins, la robustesse des résultats de Frankel & Romer (1999) est remise en cause par Rodriguez & Rodrick (2001). Ces derniers avancent que le travail souffre de l'omission de certaines variables et de validité de l'instrument utilisé. Selon eux, les variables géographiques utilisées dans la construction de l'instrument peuvent influencer le revenu via d'autres canaux. Ils montrent que la géographie est un déterminant de la croissance à travers une multitude de canaux, parmi lesquels, le commerce en est l'un d'eux. En effet, selon eux, la géographie affecte la santé publique (et par conséquent la qualité du capital humain) par le fait d'être exposé à des maladies diverses (pour les pays tropicaux). La géographie influence aussi la qualité des institutions à travers l'histoire coloniale, les migrations et les guerres. Enfin, la géographie pourrait déterminer la qualité et la quantité des dotations naturelles telles que la fertilité des sols, la variété des plantes et l'abondance des ressources naturelles. De ce point de vue, si ces canaux additionnels ne sont pas explicitement contrôlés dans l'équation du revenu, la composante géographique du commerce pourrait être corrélée avec tous ces autres facteurs ci-haut mentionnés, remettant en doute la validité de l'instrument et la fiabilité des résultats. En utilisant le même instrument et en ajoutant d'autres variables de contrôle (considérées comme omises dans l'équation de Frankel & Romer), Rodriguez et Rodrick trouvent que l'effet du commerce n'est plus significatif.

Dollar & Kraay (2004), pour contourner le problème de l'endogénéité et de causalité inverse entre les variables de commerce et de croissance, estiment les équations en différence premières. De ce point de vue, la variable expliquée utilisée dans l'équation de croissance est la variation du logarithme du revenu par tête. Afin d'éliminer les effets fixes, les variables explicatives sont les variations retardées de ces variables par rapport à la décennie précédente, le taux d'ouverture étant mesuré par la somme des exportations et des importations sur le PIB. A la suite de cela, les auteurs trouvent qu'un doublement de la part du commerce dans le PIB se traduit par un supplément de 25% de revenu au bout de 10 ans.

En plus des critiques sur les indicateurs de l'ouverture et l'endogénéité de ces variables vis-à-vis de la croissance, Srinivasan et Bhagwati (2002) remettent en cause la méthodologie en coupe transversale que la plupart de ces études ont mise en œuvre arguant la faiblesse des fondements théoriques de ces travaux, la mauvaise qualité des données et les techniques économétriques inappropriées. Pour ces auteurs, les données en coupe sont d'une capacité limitée à mettre en évidence l'effet du commerce sur la croissance et soutiennent que les données en séries longues sont essentielles pour la robustesse des résultats. C'est pourquoi certains travaux ont cherché à utiliser la méthodologie en panel (Feyrer, 2009a ; 2009b ; Ortega & Peri, 2014).

En particulier, Feyrer (2009a ; 2009b) utilise le modèle d'Anderson & Wincoop (2003) et construit un instrument géographique variant dans le temps. Il considère en effet qu'avec les progrès technologiques, la distance entre les pays n'est plus statique. Dans Feyrer (2009a), il estime l'effet du commerce sur le revenu en exploitant l'importance croissante du commerce international par voie aérienne, en particulier pour les couples de pays reliés par des routes aériennes relativement courtes par rapport aux routes maritimes correspondantes. Cela lui permet de générer des instruments de commerce basés sur la distance géographique variant dans le temps et, par conséquent, d'avoir des données longitudinales. Ce qui lui permet de contrôler les effets fixes pays et d'éliminer le biais dû aux variables omises invariant dans le temps telles que la distance par rapport à l'équateur et les institutions historiquement déterminées. Quant à Feyrer (2009b), il exploite la fermeture du canal de Suez en tant qu'expérience naturelle pour tenter d'identifier l'effet causal de la distance sur le commerce et celui du commerce sur le revenu. Du moment que le choc sur le commerce est exogène pour la plupart des pays, le volume de commerce prédit en tenant compte du choc est utilisé pour identifier l'effet du commerce sur le revenu. Les séries longues ainsi obtenues permettent d'identifier les effets fixes pays et de contrôler les différences de revenu entre pays sur le long terme. Etant donné que ces différences proviennent des changements de distance en mer, l'effet ainsi mis en évidence provient entièrement du commerce de biens et non des autres canaux alternatifs tels que le transfert de technologie, le tourisme ou les IDE. Les deux travaux trouvent une évidence d'un effet causal du commerce sur le revenu.

Au-delà des considérations d'ordre méthodologiques, un certain nombre de travaux se sont penchés sur une question majeure : celle de savoir pourquoi, en Afrique, les politiques d'ouverture n'ont pas porté des fruits escomptés. A ce sujet, une étude de la Banque mondiale qui s'est focalisée sur l'expérience de développement des pays du sud-est asiatique[23] montre que ces pays ont mis en œuvre une combinaison optimale de politiques qui ont conduit au succès économique que l'on connaît aujourd'hui. L'étude met en évidence les modèles structurels de ces expériences, en particulier les hauts taux d'investissement en ressources humaines et en nouvelles technologies qui ont déclenché des gains considérables en productivité. Cette étude montre aussi que les Etats sont intervenus à bien des égards pour bâtir la compétitivité de leurs économies, en particulier en maintenant des taux d'intérêt bas, en protégeant des industries naissantes ou déclinantes, en subventionnant des exportations, en mettant en place des institutions d'appui à l'exportation et en utilisant le crédit à l'exportation ainsi que d'autres mécanismes (World Bank, 2001).

Chang, Kaltani & Loayza (2009), dans le même ordre d'idées, sur un échantillon de 82 pays (développés et en développement) et pour la période de 1960-2000, après avoir mobilisé la méthode des GMM sur un modèle non linéaire de croissance, relèvent que l'effet de l'ouverture commerciale sur la croissance économique serait significativement positif si et seulement si certaines réformes com-

[23] À savoir le Japon, Hong Kong, Taiwan, Singapour, Corée du Sud, Indonésie, Malaisie et Thaïlande.

plémentaires sont initiées de nature à aider le pays à s'approprier les bienfaits de la compétition internationale. Ces réformes pourraient concerner l'investissement dans l'éducation, l'approfondissement financier, la stabilisation de l'inflation, les infrastructures publiques, la gouvernance, la flexibilité du marché du travail, la facilité des firmes à entrer et sortir. Ces auteurs montrent en particulier que, si les imperfections du marché et institutionnelles prévalent, l'ouverture pourrait conduire à une sous-utilisation des ressources humaines et en capital, la concentration dans les activités extractives, l'absence de la spécialisation dans la technologie avancée et dans les secteurs à rendements croissants. Les conclusions de Chang, Kaltani, & Loayza (2009) confortent un certain nombre de travaux antérieurs qui, au-delà des aspects méthodologiques, ont mis l'accent sur la nécessité des réformes dans certains secteurs pour que les pays en développement puissent tirer profit de l'ouverture commerciale.

Il s'agit par exemple de Wacziarg et Wallack (2004) qui avancent que l'effet de la libéralisation commerciale sur la réallocation du travail est tangible dans les pays qui l'accompagnent avec d'autres réformes. Du même ton, Acemoglu et Zilibotti (2001) laissent entendre que, dans les pays en développement qui ne parviennent pas à améliorer leur capital humain et à renforcer les droits de propriété intellectuelle, l'accès au progrès technologique dû à l'ouverture ne parvient pas à provoquer la hausse de la productivité.

Quant à Banerjee & Newman (2004), ils montrent que l'absence de développement financier et la faible mobilité des facteurs font que les pays en développement soient incapables de profiter de l'ouverture commerciale ; les secteurs improductifs butent sur la concurrence étrangère tandis que le capital et la main d'œuvre libérés par ceux-ci échouent à se canaliser vers des secteurs plus efficients.

Le point commun de cette deuxième catégorie de travaux est qu'ils mettent l'accent sur l'aspect conditionnel du lien entre commerce et croissance, savoir que l'ouverture commerciale ne saurait stimuler la croissance en l'absence d'un environnement économique, social et politique approprié. Malgré l'intérêt et la pertinence théoriques évidents, l'investigation empirique de cette hypothèse du lien conditionnel entre commerce et croissance n'a pas reçu beaucoup d'attention.

Dufrénot, Mignon & Tsangarides (2009) ont testé cette hypothèse d'un lien conditionnel entre commerce et croissance pour 75 pays en développement sur la période 1980-2006 en utilisant la méthode des régressions quantiles. Leurs résultats suggèrent une relation hétérogène entre le commerce et la croissance. En particulier, ils trouvent que, sur le long terme, les pays à faible croissance bénéficient plus de l'ouverture comparativement aux pays à forte croissance. De la même manière, les pays à faible croissance sont les plus susceptibles de subir les effets néfastes de court terme liés à l'ouverture commerciale. Sur ce, les auteurs soulignent, en matière de prescription des politiques y relatives, de la nécessité d'une prise en compte de l'hétérogénéité des pays en développement quant au lien entre la relation commerce-croissance.

Cadoret, Rondeau & Tran (2014), quant à eux, soulignent le fait que la localisation géographique peut jouer un rôle clé dans la relation commerce-croissance. Leur travail porte sur un panel de 130 pays pour les années 1975, 1980, 1985, 1990, 1995, 2000, 2005 et 2010. En utilisant les caractéristiques géographiques pour instrumenter le commerce et la méthode des doubles moindres carrés (DMC), les auteurs trouvent que le commerce impacte la croissance différemment selon les différentes parties du monde. L'effet de long terme du commerce sur le revenu et la croissance du revenu est positif pour les pays d'Europe, d'Amérique, d'Asie et d'Océanie ; la seule exception étant l'Afrique pour laquelle les résultats indiquent que l'effet du commerce sur la performance économique est insignifiant. Cela confirme encore, pour le cas de l'Afrique, l'hypothèse conditionnelle du lien commerce-croissance.

Baliamoune-Lutz (2011), en se focalisant sur les relations commerciales Afrique-Chine, teste l'hypothèse selon laquelle « la destination des exportations compte » pour la croissance des pays africains. Son travail porte sur des données en panel sur la période 1995-2008 et mobilise la méthode des GMM. Comme dans les études précédentes, ses résultats laissent entrevoir que les exportations vers la Chine ne semblent pas impacter inconditionnellement la croissance. En plus, la concentration des exportations, c'est-à-dire l'exportation d'un bien majeur bénéficie plus à la croissance que la diversification. Enfin, contrairement à une opinion répandue, les importations en provenance de la Chine ne semblent pas nuire à la croissance des pays africains.

Brückner & Lederman (2012) traite de l'effet de l'ouverture commerciale sur la croissance économique en ASS pour la période allant de 1979 à 2009 en mettant en avant le caractère hétérogène des pays de l'échantillon. Ils trouvent en particulier que l'effet positif de l'ouverture commerciale sur la croissance économique décline significativement en présence de la polarisation ethnique. Ce qui voudrait dire que, dans les pays caractérisés par de fortes divisions ethniques, les effets bénéfiques associés à l'ouverture au commerce international doivent être considérés avec prudence. Etant donné que la polarisation ethnique est l'une des causes majeures des conflits civils en ASS, ce qui précède soulève du coup la question de l'effet de ces derniers sur la relation commerce-croissance.

Un certain nombre de travaux se sont penchés sur l'effet des conflits civils sur le commerce bilatéral et/ou international en Afrique sans toutefois s'intéresser sur l'effet interactif du commerce et des conflits civils sur la croissance économique (Bayer & Rupert, 2004 ; Long, 2008 ; Bah & Tapsoba, 2010 ; Magee & Massoud, 2011). A notre connaissance, seul Oloufadé (2012) examine l'effet de l'ouverture commerciale sur les inégalités de revenu, et dans quelle mesure cet effet est influencé par la présence de conflits (extra et intra-étatique). L'auteur présume l'exacerbation des inégalités de revenu par le fait que, durant les conflits, les activités génératrices de revenu contrôlées par les riches augmentent tandis que celles contrôlées par les pauvres diminuent. En se servant d'un vaste panel de données, il trouve effectivement que l'ouverture commerciale conduit à de profondes inégalités de revenu dans les pays où le risque de conflits est élevé et à moins d'inégalités si le risque de conflit est faible. En plus, cette inégalité de revenu s'amplifie dans les pays à haute diversité ethnique et s'atténue avec les régimes démocratiques. Selon cette étude, l'effet du commerce sur les inégalités de revenu dépend du niveau de risque de conflit. Cependant, cette étude ne s'est pas penchée sur la question de savoir si les conflits pourraient influer sur l'effet du commerce sur le niveau de revenu.

La revue de la littérature précédente montre qu'aucune étude ne s'est encore penchée sur l'impact du commerce ou de l'ouverture commerciale sur la croissance économique dans un contexte de conflits civils persistants et récurrents. C'est l'objet de la présente étude qui s'intéresse à ce lien pour le cas des pays de la RGL. Avant de faire une analyse économétrique pour mettre en évidence l'impact des conflits civils sur la relation commerce régionale-croissance pour les pays de la Région des Grands Lacs, il convient, dans la troisième section, de présenter le cadre théorique et méthodologique de l'étude.

3.2. Spécification de la relation « conflits civils-commerce régional-croissance » et méthodologie d'analyse

A partir d'un modèle théorique de base, nous spécifions d'abord une équation qui nous permettra d'évaluer les effets combinés des conflits civils et du commerce régional sur la croissance économique des pays de la RGL.

3.2.1. Spécification du modèle de l'effet interactif des conflits civils et du commerce régional sur la croissance

Nous prenons, à l'instar de Busse & Königer (2012), comme point de départ le modèle de croissance néoclassique initialement proposé par Solow-Swan (1956) et augmenté par Mankiw, Romer & Weil (1992) pour inclure le capital humain. Dans ce modèle, la croissance du revenu est déterminée par la productivité déterminée par le niveau de technologie (A_t), le taux de progrès technologique (g), le revenu initial par tête (y_o), le taux d'épargne (s_k), les parts du capital physique et du capital humain (α) et (β), le taux de convergence vers l'état stationnaire (l), le taux de dépréciation du capital (δ), le taux de croissance de la force de travail (n) et l'investissement en capital humain (s_h) :

$$lny_t - lny_0 = -(1-e^{-\lambda t})lny_0 + (1-e^{-\lambda})lnA_t + (1-e^{-\lambda t})\tfrac{\alpha}{1-\alpha-\beta}lns_k \\ +(1-e^{-\lambda t})\tfrac{\beta}{1-\alpha-\beta}lns_h - (1-e^{-\lambda t})\tfrac{\alpha+\beta}{1-\alpha-\beta}ln(n+g+\delta) \quad (3.1)$$

Pour expliquer les différences de revenu entre les pays, il est nécessaire de poser des hypothèses à propos de la façon dont la technologie progresse dans chaque pays. Mankiw, Romer, & Weil (1992) supposent que le niveau de technologie à un moment donné dépend du niveau initial de technologie dans chaque pays (A_0) pendant que le taux de croissance de la technologie est constant pour tous les pays :

$$A_t = A_0 e^{gt} \quad (3.2)$$

Cependant, pour les pays en développement, l'hypothèse d'un taux de croissance constant et uniforme pour tous les pays semble inadéquate car la diffusion de la technologie internationalement disponible dépend des facteurs spécifiques à chaque pays (Busse & Königer, 2012). Le commerce international de biens et services constitue le principal canal par lequel se diffuse le changement international d'idées. Pour cette raison, on peut supposer que le commerce est un déterminant crucial, spécifique à chaque pays, de diffusion de la technologie. Ainsi, dans un pays donné, l'évolution de la technologie A_{it} serait :

$$A_{it} = A_0 e^{gt} e^{\varphi_j x_{ij}} \quad (3.3)$$

X_{ij}captent en général les déterminants de l'évolution de la technologie, dont le commerce international. De ce point de vue, la productivité totale des facteurs peut être exprimée comme une fonction du commerce international, dont le niveau diffère d'un pays à l'autre (Gundlach, 2005). En insérant cette hypothèse dans le modèle (3.1), nous avons :

$$lny_t - lny_0 = -(1-e^{-\lambda t})lny_0 + (1-e^{-\lambda t})lnA_0 + gt) + (1-e^{-\lambda t})\tfrac{\alpha}{1-\alpha-\beta}lns_k \\ +(1-e^{-\lambda t})\tfrac{\beta}{1-\alpha-\beta}lns_h - (1-e^{-\lambda t})\tfrac{\alpha+\beta}{1-\alpha-\beta}ln(n+g+\delta) + (1-e^{-\lambda t})\varphi_j X_{ij} \quad (3.4)$$

Ce modèle permet la combinaison des propriétés du modèle de Solow augmenté avec les hypothèses concernant le niveau de développement de la technologie spécifique à chaque pays. Dans le cadre de notre travail, le facteur X_i représente le commerce régional entre le pays i et les autres pays de la RGL.

A partir du modèle théorique (3.4), nous pouvons déduire le modèle testable suivant :

$$lny_{it} - lny_{it-1} = \alpha + \beta_1 lny_{it-1} + \beta_2 lns_{k,it} + \beta_3 lns_{h,it} + \beta_4 ln(n_{it} + g + \delta) + \beta_5 X_{it} + \varepsilon_{it} \quad (3.5)$$

Ou, d'une façon équivalente :

$$lny_{it} = \alpha + (\beta_1 + 1) lny_{it-1} + \beta_2 lns_{k,it} + \beta_3 lns_{h,it} + \beta_4 ln(n_{it} + g + \delta) + \beta_5 X_{it} + \varepsilon_{it} \quad (3.6)$$

Pour incorporer le rôle des conflits civils dans l'impact du commerce international sur la croissance économique, nous introduisons la variable *CIV* et *Intense* dans l'équation sous une forme individuelle (additive) et, conformément à l'objectif de ce chapitre, sous une forme interactive avec le terme X_{it} représentant le commerce régional. Pour tenir compte des caractéristiques structurelles des économies de la région, nous ajoutons aussi les variables de dépenses publiques de consommation, la rente des ressources naturelles et le niveau d'inflation. Enfin de compte, le modèle économétrique final incorporant toutes les variables utilisées dans la présente étude est le suivant :

$$\begin{aligned} lny_{it} = {} & \alpha + \beta_1 lny_{it-1} + \beta_2 \mathrm{lnInvest}_{it} + \beta_3 \mathrm{lnScol}_{it} + \beta_4 ln(n + g + \delta) + \beta_5 \\ & \mathrm{lnDpc}_{it} + \beta_6 \mathrm{lnInfl} + \beta_7 \mathrm{lnRna}_{it} + \beta_8 \mathrm{CceReg}_{it} + \beta_9 civ_{it} + \beta_{10} \mathrm{intense}_{it} \\ & + \beta_{11} \mathrm{CceReg}_{it} * Civ_{it} + \beta_{12} \mathrm{Ccereg}_{it} * \mathrm{Intense}_{it} + \varepsilon_{it} \end{aligned} \quad (3.7)$$

Ce modèle spécifié a le mérite de considérer l'effet conjoint du commerce régional et des conflits civils sur la croissance économique. En d'autres termes, il s'agit d'analyser l'effet du commerce régional sur la croissance économique dans un contexte de conflits civils ou vice-versa.

3.2.2. Description des variables du modèle et sources de données

Les données de panel utilisées dans ce chapitre concernent six pays de la RGL à savoir le Burundi, le Kenya, la République Démocratique du Congo (RDC), le Rwanda, l'Ouganda et la Tanzanie et couvrent la période allant de 1990 à 2010. Douze variables sont utilisées dans le modèle à estimer. Comme variable dépendante, nous considérons le taux de croissance économique. Comme variables explicatives, le modèle contient le taux de croissance retardé d'une période, le taux de croissance de la population associé au terme $(g + \delta)$ pour capter le taux de dépréciation du capital, les dépenses publiques de consommation, le niveau d'inflation, la rente des ressources naturelles, le niveau d'investissement, le capital humain ainsi que les variables captant le conflit civil.

Le taux de croissance économique ($gr_{it} = lnPibha_{it} - lnPibha_{it-1}$) ainsi que sa valeur retardée d'une période (gr_{it-1}), le taux de croissance de la population

(n) associé au terme ($g+\delta$) supposé égal à 0.05 pour donner le terme ($n+g+\delta$, les dépenses publiques de consommation comparées au PIB(*dpc*), l'inflation (*infl*) captée par l'indice des prix à la consommation, la rente des ressources naturelles (*nra*) proviennent de la Banque mondiale (*World Development Indicators*). La part de l'investissement dans le PIB (*invest*), définie comme le ratio de la formation brute de capital fixe sur le PIB, le capital humain (*scol*) que nous captons par le taux de scolarisation du secondaire et la performance de l'éducation sont tirés de la base *Penn World Table*. Les variables de conflit civil (*conf*) et son intensité (Intense) proviennent de *Center for Systemic Peace*. Enfin, les données sur le commerce régional (*Ccereg*) émanent de UN COMTRADE. Le tableau 3 de l'annexe fournit la définition et les statistiques descriptives des variables utilisées dans les régressions. Ces dernières, exception faite pour le commerce régional, le conflit civil, son intensité et l'interaction des deux avec le commerce, sont exprimées en log.

3.2.3. Stratégie d'estimation

L'estimation du modèle précédent pose un certain nombre de difficultés. En effet, certaines des variables explicatives sont potentiellement endogènes. Il s'agit entre autres des variables de commerce régional et de conflit qui sont potentiellement endogènes par rapport au PIB. Le commerce régional d'un pays est, en partie, fonction de son revenu tandis que l'économie des conflits civils montre que ces derniers, en partie, dus au faible revenu de la population (Collier & al., 2003). D'autres variables telles que le niveau initial de la technologie et les effets spécifiques pays sont inobservables et, par conséquent, omises dans l'équation. Raison pour laquelle nous implémentons la méthode de GMM en système pour adresser les deux problèmes sur le plan économétrique. En effet, pour résoudre le problème de l'endogénéité des variables explicatives, il est recommandé de trouver des instruments adéquats qui sont corrélés avec lesdites variables explicatives endogènes mais non corrélées avec la variable dépendante. Dans cette optique, et étant donné qu'il est souvent difficile de trouver des instruments externes appropriés, il est recommandé d'utiliser la méthode des GMM, initiée par Arellano & Bond (1991), Arellano & Bover (1995) et Blundell & Bond (1998), qui ne requiert aucun instrument externe.

Sans vouloir revenir sur le contenu et l'efficacité de cette méthode dont les détails sont fournis dans le second chapitre de cette thèse, rappelons que deux tests sont associés à l'estimateur GMM en panel dynamique. Il s'agit du test de suridentification de Sargan/Hansen, qui permet de tester la validité des variables retardées comme instruments, et du test d'autocorrélation d'Arellanno et Bond où l'hypothèse nulle est l'absence d'autocorrélation de premier ordre des erreurs de l'équation en niveau. Tel que relevé par Asiedu & Lien (2011) et Roodman (2009), les deux tests peuvent perdre de leur puissance lorsque le nombre d'instruments, *i*, est plus élevé que le nombre de pays, *n* (Oloufadé, 2012). Pour résoudre ce problème, Roodman (2009) recommande de réduire le nombre d'instruments en limitant le nombre de retards.

3.3. Présentation et discussion des résultats

Le tableau 10 montre les résultats des régressions de l'équation de croissance à l'aide de la méthode GMM en système. Quatre modèles sont estimés. Les modèles [1] et [2] contiennent les variables de contrôle jugées pertinentes pour les économies de la région ainsi que les variables de conflit civil (occurrence et intensité) et de commerce régional considérées séparément. Cela permet de mettre en évidence la nature de l'effet des variables conflit civil et commerce régional, prises individuellement, sur la croissance économique des pays de la région, et, de ce point de vue, de la fiabilité du modèle de croissance spécifié. Les modèles [3] et [4], objet principal de notre investigation, contiennent, en plus des variables de contrôle, les variables d'interaction entre le conflit civil (en termes d'occurrence et d'intensité) et le commerce régional[24]. Les résultats issus de ces modèles permettent ainsi de répondre à la question de savoir si oui ou non le commerce constitue un canal par lequel transite l'effet des conflits civils sur la croissance économique des pays de la RGL.

Tableau 10. Résultats des estimations de la relation entre commerce régional, conflits civils et la croissance (GMM en système)

	(1)	(2)	(3)	(4)
gr_{t-1}	-0.740***	-0.741***	-0.741***	-0.732***
	(16.89)	(16.87)	(16.87)	(14.90)
lninvest	0.007	0.007	0.010	0.010
	(1.76)	(1.70)	(2.30)*	(2.30)*
lnsco	0.007	0.009	0.003	0.006
	(0.73)	(0.98)	(0.38)	(0.69)
lndpc	-0.015	-0.016	-0.013	-0.013
	(5.61)***	(5.78)***	(4.22)***	(4.10)***
lninfl	-0.006	-0.006	-0.005	-0.005
	(10.82)***	(10.62)***	(7.08)***	(6.76)***

[24] Dans le but d'éviter le problème de colinéarité, souvent présente dans les modèles comportant des variables interactives, nous omettons volontairement les variables individuelles utilisées pour construire la variable interactive. Cela nous permet par ailleurs de nous concentrer sur l'effet de la variable interactive sur la croissance.

Tableau 10. Résultats des estimations de la relation entre commerce régional, conflits civils et la croissance (GMM en système)

	(1)	(2)	(3)	(4)
lnng	0.001	0.001	0.000	0.000
	(0.35)	(0.13)	(0.05)	(0.02)
lnnra	0.003	0.004	0.003	0.004
	(2.25)*	(2.72)**	(2.67)**	(2.60)**
civ	**-0.005**			
	(2.61)**			
ccereg	**0.108**	**0.129**		
	(2.84)**	**(3.96)****		
intense		**-0.001**		
		(2.66)**		
cceregciv			**-0.597**	
			(11.44)***	
cceregintense				**-0.145**
				(8.22)***
_cons	0.025	0.026	0.016	0.013
	(1.89)	(1.91)	(1.36)	(1.14)
Prob F-Stat	0,000	0,000	0,000	0,000
AR(1)	0,03	0,03	0,03	0,03
AR(2)	0,97	0,98	0,89	0,90
Sargan T	0,097	0,093	0,057	0,059
N obs	102	102	102	102
N de pays	6	6	6	6

Source : Construit par l'auteur à partir des résultats des estimations

Les valeurs absolues des t-student sont entre parenthèses

*** significatif à 1%, ** significatif à 5 %, * significatif à 1%

Au regard des statistiques de Fisher, du test de Sargan ainsi que des statistiques d'Arellano-Bond concernant les tests d'autocorrélation des erreurs du premier et de second ordre (AR(1) et AR(2)), il apparait que les modèles sont globalement bons.

Les résultats des estimations montrent que coefficients de toutes nos variables d'intérêt comportent des signes prédits par la théorie et sont tous significatifs. Les coefficients de la présence de conflit civil, de son intensité et du commerce régional sont significatifs au seuil de 5% tandis que les coefficients de l'interaction du commerce régional avec les variables de conflit le sont au seuil de 1%. A part le commerce régional dont le coefficient est de signe positif, toutes ces variables affichent des coefficients de signe négatifs. Ainsi, de par les résultats issus de la méthode GMM en système, il apparait que la présence de conflit civil et son intensité exercent un effet négatif sur la croissance économique des pays de la RGL. Ce résultat avait été déjà mis en évidence par le troisième chapitre de la présente thèse. Alors que le commerce régional exerce un effet positif sur la croissance, l'effet négatif de son interaction avec les conflits civils montre que le commerce régional est le canal de transmission des effets des conflits sur la croissance.

La principale contribution du présent chapitre de notre thèse est qu'il met en évidence le fait que le commerce intra-régional est le canal de transmission des effets des conflits civils ou de leur intensité sur la croissance économique. De fait, cela confirme notre troisième et dernière hypothèse, fondée sur la thèse de Blomberg & Hess (2006), qui stipule que le commerce intra-régional constitue l'un des canaux de transmission des effets négatifs spatiaux de la guerre sur la croissance. Cette conclusion conforte par ailleurs les résultats issus des deux précédents chapitres. En effet, les résultats du second chapitre montrent que les conflits civils constituent un handicap majeur à l'intégration commerciale des pays de la RGL, ce qui, de par les présents résultats, se répercute négativement sur la croissance économique. De même, l'effet négatif de l'interaction entre le conflit civil et le commerce régional sur la croissance mis en évidence par les présents résultats laisse supposer que les externalités spatiales négatives révélées à travers le troisième chapitre agiraient par le biais du commerce. Cela corrobore les résultats trouvés par Couttenier & Vicard (2012) lorsqu'ils montrent que, pour un pays enclavé A, lorsqu'un conflit civil survient chez son pays voisin B qui lui sert de transit, ce conflit va impacter la croissance économique du pays A à travers la réduction de son commerce international. Notre étude se démarque, néanmoins, de celle de ces auteurs par le fait que nos résultats montrent que, qu'il soit un pays de transit ou non, un conflit éclaté dans un pays donné va impacter négativement la croissance économique de ces voisins via le commerce régional.

Les ressources naturelles étant à la fois un vecteur de conflits et une part importante du commerce international et transfrontalier des pays de la région, nous nous proposons d'analyser le comportement des résultats au cas où nous omettons la variable de la rente des ressources naturelles de l'équation à estimer. Le tableau 11 présente les résultats de nos régressions sans la rente des ressources naturelles.

Tableau 11. Les résultats sans la rente des ressources naturelles

	(1)	(2)	(3)	(4)
gr_{t-1}	-0.740***	-0.741***	-0.731***	-0.752***
	(16.89)	(16.87)	(14.71)	(14.90)
Ln invest	0.011**	0.011**	0.012**	0.012**
	(3.26)	(3.34)	(3.28)	(3.41)

Tableau 11. Les résultats sans la rente des ressources naturelles

	(1)	(2)	(3)	(4)
Ln scol	0.001	0.000	-0.005	-0.003
	(0.14)	(0.08)	(0.86)	(0.50)
Ln dpc	-0.019***	-0.019***	-0.017***	-0.017***
	(6.25)	(6.15)	(4.61)	(4.44)
Ln infl	-0.006***	-0.006***	-0.005***	-0.005***
	(8.23)	(8.33)	(5.57)	(5.09)
Ln n+g+δ	-0.001	-0.001	-0.001	-0.001
	(0.27)	(0.33)	(0.18)	(0.22)
Civ	**-0.002**			
	(1.17)			
Ccereg	**0.264****	**0.276***		
	(2.63)	**(2.43)**		
Intense		**-0.001**		
		(1.31)		
Ccereg*civ			**-0.221**	
			(1.65)	
Ccereg*intens				**-0.048**
				(1.58)
Constante	0.036***	0.037***	0.033**	0.031**
	(5.16)	(5.18)	(3.78)	(3.34)
Prob F-Stat	0,000	0,000	0,000	0,000
AR(1)	0,027	0,027	0,025	0,025
AR(2)	0,682	0,704	0,605	0,598
Sargan T	0,134	0,126	0,076	0,079
Nbre d'observations	104	104	104	104
Nbre de pays	6	6	6	6

Source : Construit par l'auteur à partir des résultats des estimations

Les valeurs absolues des t-student sont entre parenthèses

*** significatif à 1%, ** significatif à 5 %, * significatif à 1%

Lorsque nous ôtons la variable représentant la rente des ressources naturelles, nous constatons que les coefficients des variables de conflits civils et la variable d'interaction entre le conflit civil et le commerce régional diminuent et perdent de leur significativité statistique. Cela montre, à l'instar de nos résultats de robustesse du second chapitre, que les effets des conflits civils sur la croissance des pays de la RGL sont inextricablement liés à l'abondance des ressources naturelles de la région. En plus, en l'absence de la rente des ressources naturelles, la variable de l'investissement affiche une forte significativité avec des coefficients légèrement en hausse, ce qui veut dire qu'en présence de conflits civils, les ressources naturelles ont tendance à inhiber l'effet positif de l'investissement productif sur la croissance économique. Cela peut se faire à deux niveaux. D'abord, dans les pays riches en ressources naturelles et qui, de surcroît, affichent une faiblesse de l'Etat à cause des conflits civils et d'autres formes d'instabilité, la ruée des investissements dans le secteur de l'exploitation des ressources exercent un effet d'éviction sur les autres types d'investissements pourtant plus productifs. Cette ruée est due à l'exploitation opaque des ressources naturelles (principalement les minerais et les hydrocarbures) qui caractérise les pays en proie à l'instabilité et aux conflits civils. Ensuite, la criminalisation de l'économie induite par l'exploitation des ressources dans le contexte d'un Etat fragile occasionne un climat malsain pour les affaires, décourageant du même coup, les IDE et même les investissements domestiques. Tout cela montre, une fois de plus que, bien que cela n'ait pas été fait l'objet d'investigations rigoureuses, les ressources naturelles constituent un vecteur, non seulement des conflits civils, mais aussi d'aggravation de leurs effets sur la croissance économique des pays de la RGL.

Etant donné que l'appartenance à une même CER est de nature à augmenter la résilience du commerce régional des pays membres en situation de conflits, nous avons voulu voir si le fait d'appartenir aux différentes CERs de la région (CAE, CEPGL, CEEAC) empêcherait l'interaction entre les conflits civils et le commerce régional d'exercer un effet négatif sur la croissance économique des pays de la RGL. Pour cela, nous introduisons, successivement, dans l'équation à estimer les variables muettes qui captent l'appartenance des pays de notre échantillon à la CAE, la CEPGL et la CEEAC. Le tableau 12 ci-après présente les résultats obtenus, à l'aide de la méthode GMM en système, après l'introduction de ces variables muettes.

Tableau 12. Les résultats des régressions avec l'introduction des variables captan l'appartenance aux différentes CERs

	(1)	(2)	(3)	(4)	(5)	(6)
gr_{t-1}	-0.731***	-0.732***	-0.732***	-0.734***	-0.736***	-0.736***
	(16.31)	(15.88)	(15.51)	(16.35)	(15.78)	(15.47)
lninvest	0.009*	0.010*	0.010	0.009*	0.010	0.010
	(2.33)	(2.34)	(2.16)	(2.30)	(2.39)*	(2.20)*
lnsco	0.000	0.003	0.002	0.003	0.004	0.003
	(0.06)	(0.35)	(0.25)	(0.44)	(0.48)	(0.38)
lndpc	-0.015***	-0.013***	-0.014***	-0.014***	-0.014***	-0.014***
	(6.09)	(4.82)	(4.51)	(5.72)	(5.03)	(4.68)
lninfl	-0.005***	-0.005***	-0.005***	-0.005***	-0.005***	-0.005***
	(5.89)	(8.06)	(8.27)	(5.87)	(7.85)	(8.07)

Tableau 12. Les résultats des régressions avec l'introduction des variables captan l'appartenance aux différentes CERs

	(1)	(2)	(3)	(4)	(5)	(6)
lnng	0.001	0.001	0.001	0.000	0.001	0.000
	(0.09)	(0.12)	(0.09)	(0.06)	(0.09)	(0.06)
lnnra	0.003**	0.003*	0.003*	0.003**	0.003**	0.003*
	(3.23)	(2.40)	(2.10)*	(3.03)	(2.69)	(2.34)
cceregciv	-0.522***	-0.611***	-0.593***			
	(5.84)	(16.30)	(23.12)			
EAC	0.003			0.002		
	(1.13)			(0.96)		
CEPGL		0.002			0.002	
		(0.85)			(1.00)	
CEEAC			0.001			0.001
			(0.49)			(0.64)
cceregintense				-0.130***	-0.152***	-0.148***
				(5.20)	(13.38)	(18.17)
_cons	0.020	0.016	0.018	0.018	0.015	0.018
	(1.78)	(1.44)	(1.67)	(1.53)	(1.41)	(1.65)
N Obs.	102	102	102	102	102	102
Prob F-St	0,000	0,000	0,000	0,000	0,000	0,000
AR(1)	0,036	0,036	0,036	0,035	0,036	0,045
AR(2)	0,953	0,874	0,850	0,966	0,884	0,852
Sargan T	0,063	0,049	0,048	0,063	0,046	0,045
N pays	6	6	6	6	6	6

Source : Construction de l'auteur à partir des résultats des régressions

Les valeurs absolues des t-student sont entre parenthèses

*** significatif à 1%, ** significatif à 5 %, * significatif à 1%

Les résultats ci-dessus laissent transparaître que l'appartenance à aucune CER ne permet d'empêcher l'interaction du commerce et du conflit civil d'exercer un effet négatif. Ce qui veut dire que le fait d'appartenir à une même CER, censé pourtant renforcer la résilience du commerce régional en cas de conflit civil dans l'un des pays partenaire, n'a pas d'effet sur l'atténuation des effets des conflits civils sur la croissance économique de ces derniers qui passent par la réduction du commerce. En substance, cela signifie que si un conflit civil éclate dans l'un ou l'autre pays, le commerce bilatéral entre ce dernier et les autres pays de la région peut régresser même lorsque ces derniers sont liés par un accord de libre-échange. Cela pourrait être le fait de l'instabilité elle-même ou de l'embargo contre le pays en vue d'infléchir le gouvernement au retour à l'ordre constitutionnel ou aux négociations de paix avec la partie rebelle. Il pourrait enfin s'agir d'une crise diplomatique opposant le pays à l'un ou l'autre pays de la région favorable à la rébellion qui combat le gouvernement. Ce cas s'est produit lorsqu'au début de la crise au Burundi amorcé fin avril 2015 liée à la contestation du troisième mandat au président en place, les échanges économiques avec le Rwanda voisin ont connu un coup de massue. En cause, l'instabilité au Burundi, mais aussi les mauvaises relations diplomatiques entre les deux voisins. Bujumbura avait accusé Kigali de soutenir des rebelles qui cherchent à renverser le régime, et, en guise de représailles, Bujumbura est allé jusqu'à décider de suspendre ses exportations de produits alimentaires vers le Rwanda. Officiellement, en raison de l'appartenance des deux pays à la CAE dans laquelle est censée prévaloir la libre circulation des biens et des personnes, le Burundi avance une raison de craindre une pénurie de denrées alimentaires pour cause de mauvaises récoltes.

Ces résultats montrent, à l'instar de ceux trouvés dans le premier chapitre de la présente thèse, que les conflits civils de la Région des grands lacs constituent un blocage au commerce régional et que la région ne pourra pas bénéficier pleinement des retombées de son potentiel d'intégration économique régionale en termes de croissance et de développement, tant que ces conflits ne seraient pas efficacement adressés. Cela est dû au fait que les conflits civils qui sévissent dans la RGL sont, pour la plupart, des guerres à dimension régionale qui, à certaine fois, sont des guerres par procuration, ou pour ainsi dire, des guerres entre les pays voisins par des groupes armés interposés. Face à une telle situation, les projets d'intégration économique régionale n'y peuvent rien, quels qu'en soient le contenu des programmes et les intentions de protocoles.

On remarque, néanmoins que, lorsque l'appartenance à la CAE est prise en compte, le coefficient de l'interaction entre le commerce et le conflit civil est le plus faible. Ce qui montre que, même si l'appartenance à la CAE ne parvient pas à annuler les effets des conflits civils transitant par le commerce régional, elle permet quand-même de les atténuer. Or, c'est la seule CER, parmi celles prises en compte dans les régressions, qui a été initiée en vue de promouvoir le commerce régional et non avec la volonté première de juguler les conflits civils[25]. Ce qui témoigne, peut-être, que l'intégration par le bas, caractéristique de la CAE, est à même d'assurer la résilience du commerce régional vis-à-vis d'un conflit civil et d'atténuer les effets de ce dernier sur la croissance.

---

[25] Pour la CEPGL, l'objectif de « promouvoir et intensifier les échanges commerciaux et la circulation des personnes et des biens » vient en troisième position après celui (i) d' « assurer avant tout et d'abord la sécurité des Etats membres et de leurs populations de sorte qu'aucun élément ne vienne troubler l'ordre et la tranquillité sur leurs frontières respectives et (ii) celui de « concevoir, définir et favoriser la création et le développement d'activités d'intérêt commun ». Concernant la CEEAC, même si la mission affichée consistait, dès le départ, à promouvoir et renforcer une coopération harmonieuse et un développement équilibré et auto-entretenu dans les domaines de l'activité économique et sociale, les questions de paix et de stabilité ont été toujours en toile de fonds et, dans le Programme de relance et de redynamisation adopté en 1998, ces questions reviennent en force. En témoigne les axes prioritaires de ce programme de relance dont la paix et la sécurité se trouvent en première position.

Conclusion

La RGL est considérée comme un espace à potentiel d'intégration commerciale élevé. Cependant, elle est la région la plus affectée par les conflits civils en Afrique. De ce point de vue, ce chapitre se voudrait d'analyser empiriquement l'effet du commerce régional sur la croissance dans un contexte de conflits civils chroniques. En cela, l'objectif du chapitre était double. Il était question de voir si les conflits civils qui sévissent dans la RGL contraignent le rôle positif du commerce régional sur la croissance économique. Ce qui signifierait, en guise de conséquence, que le commerce régional constitue l'un des canaux majeurs de transmission des effets des conflits civils sur la croissance économique des pays de la RGL. Pour cela, nous avons spécifié un modèle de croissance qui contient, en plus des autres variables de contrôle, une variable interactive de conflit civil et de commerce régional que nous avons estimé à l'aide de la méthode GMM en système.

Les résultats issus des régressions révèlent que la présence de conflit civil et son intensité influencent négativement la croissance économique de la RGL. De même, bien que le commerce régional se révèle comme un déterminant positif de la croissance dans la région, son interaction avec les variables de conflit affecte négativement la croissance de la région. Eu égard à notre objectif de départ, ce résultat confirme notre troisième et dernière hypothèse qui stipule que le commerce intra-régional constitue l'un des canaux de transmission des effets négatifs de la guerre sur la croissance. Cela est, par ailleurs, en cohérence avec les conclusions du premier et du second chapitres qui montrent, respectivement, que les conflits civils de la RGL exercent un effet négatif sur le commerce intra-régional et comportent des effets de débordement sur la croissance des pays voisins à celui touché par le conflit. L'introduction d'une variable captant l'appartenance à une même CER ne modifie en rien les résultats de base. Cela veut dire que le commerce régional et la croissance sont tous les deux minés par les conflits récurrents et persistent dont fait l'objet la RGL. Or, les deux sont censés, dans le cadre des différentes CERs, permettre la résorption de ces conflits. Ce qui risque de maintenir la région dans un cercle vicieux « sous-développement-conflit civil » malgré les différents projets d'intégration et de développement régional initiés dans le cadre des CERs.

Nous suggérons la mise en place, dans le cadre des différentes CERs de la RGL, d'un cadre de surveillance et d'arbitrage pour qu'en cas de conflit dans l'un des pays membres, les accords de libre-échange et de libre circulation des biens et des personnes ne soient pas violés.

Conclusion générale de la thèse

Dans cette thèse, nous avons cherché à mettre en évidence l'effet des conflits civils sur la croissance économique des pays de la région des grands lacs en prenant en compte le rôle que le commerce régional pourrait y jouer. Une telle démarche nous a été inspirée par la thèse théorique selon laquelle les conflits armés affectent les économies nationales à travers le canal domestique et le canal indirect de la globalisation, notamment le commerce (Blomberg & Hess, 2006).

Nous avons articulé notre recherche autour de trois chapitres précédés par une introduction générale et suivis d'une conclusion générale. Le premier chapitre est consacré à l'analyse de la relation réciproque entre les conflits civils et le commerce intra-régional dans l'espace des grands lacs. Car, pendant que les conflits civils sont théoriquement nuisibles au commerce régional, l'économie politique internationale, remontant à Montesquieu (1748), prétend que le commerce entre pays est susceptible d'endiguer les conflits intra et inter-étatiques. Les résultats de l'analyse économétrique découlant d'une démarche en équations simultanées montrent que, dans la RGL, les échanges commerciaux bilatéraux n'ont pas d'effet sur l'occurrence des conflits civils. Par contre, il apparaît que les conflits impactent négativement le commerce régional. Ces résultats confirment notre première hypothèse de travail qui postule que les conflits civils impactent négativement le commerce régional, mais que ce dernier, contrairement à « la thèse du commerce pacificateur », peine à exercer un effet de dissuasion à leur résurgence.

Le deuxième chapitre de notre thèse, avait pour objectif d'évaluer les effets locaux et spatiaux des conflits civils sur la croissance économique des pays de la RGL. A cet effet, nous avons spécifié un modèle de croissance qui, en plus des variables de contrôle classiques, intègre une de conflits civils et celle de conflits civils spatialement décalée à l'aide d'une matrice d'interactions spatiales construite sur base des distances entre les capitales des pays de notre échantillon. A l'aide de la méthode des moments généralisés (GMM en système), les résultats de nos régressions indiquent que les conflits civils exercent un effet négatif sur la croissance économique des pays touchés. En plus, les résultats montrent que, dans cette région, les conflits civils exercent des effets de débordement sur les pays voisins en impactant négativement la croissance économique de ces derniers. Cela confirme la seconde hypothèse de notre recherche qui stipule que les conflits civils de la RGL impactent négativement la croissance économique des pays en guerre et exercent des externalités spatiales négatives la croissance économique des pays voisins. Nous avons été néanmoins surpris de constater que l'omission de la rente des ressources naturelles conduit à la non significativité des coefficients des variables de conflits civils et de conflits civils spatialement décalés. Cela nous a poussé à conclure que les effets des conflits civils sur la croissance des pays endeuillés et de leurs voisins sont intimement liés à la richesse des pays de la RGL en ressources naturelles. Par ailleurs, l'analyse de la robustesse utilisant les variables du *Center for Systemic Peace* confirment l'existence des externalités spatiales négatives qui s'exercent sur la croissance économique des pays de la région. A ce propos, eu égard à la grandeur et à la significativité des coefficients, cette analyse de robustesse permet de révéler que l'instabilité régionale est plus préjudiciable à la croissance que l'instabilité de voisinage.

Plusieurs canaux de transmission peuvent être à l'origine des externalités négatives de conflits civils constatées dans la RGL. C'est pourquoi, dans le troisième chapitre, nous avons cherché à vérifier si le commerce régional pourrait en constituer un. Pour cela, nous avons introduit dans le modèle de croissance néoclassique de Mankiw, Romer, & Weil (1992) une variable de commerce régional sous l'hypothèse que le commerce est un déterminant de diffusion de la technologie. En vue d'opérationnaliser le rôle des conflits civils dans la relation entre commerce régional et la croissance économique, nous avons introduit, ensuite, la variable de conflit civil dans une forme interactive avec le terme du commerce régional. Les résultats de notre analyse économétrique, effectuée à l'aide de la méthode de GMM en système, révèlent que, bien que le commerce régional exerce un effet positif sur la croissance pour les pays de la région, son interaction avec les variables de conflit l'affecte négativement. Ce résultat confirme notre troisième et dernière hypothèse de travail selon laquelle le commerce intra-régional constitue l'un des canaux de transmission des effets négatifs des conflits civils sur la croissance. Ce résultat est en cohérence avec les conclusions du second et du troisième chapitre qui montrent respectivement que les conflits civils de la RGL exercent un effet négatif sur le commerce intra-régional et comportent des effets de débordement sur la croissance des pays voisins à celui touché par le conflit. Par ailleurs, les résultats indiquent que les effets des conflits civils sur la croissance économique des pays de la RGL sont inextricablement liés à l'abondance des ressources naturelles de cette région de l'Afrique. Enfin, l'introduction d'une variable muette captant l'appartenance à une même CER, en l'occurrence la CAE, laisse les résultats de base inchangés. Ce qui témoigne que, dans la RGL, l'intégration économique régionale n'est pas encore parvenue ni à contrer la résurgence des conflits ni à atténuer leurs effets néfastes sur les économies de la région.

Les conclusions de notre thèse appellent une série d'implications de politique économique. D'abord, pour que la RGL puisse profiter pleinement de son potentiel en matière d'intégration économique et commerciale, le problème des conflits civils récurrents et persistants doit être efficacement adressé. A ce propos, étant donné que l'intégration économique régionale (en l'occurrence le commerce) est prise en otage par les mêmes conflits qu'elle est censée résorber, cela milite en faveur d'autres mécanismes, par-delà les projets économiques régionaux, en vue de la pacification de la région. Par ailleurs, les externalités spatiales négatives liées aux conflits civils de la RGL militent en faveur d'une attitude appropriée de la part des pays de la région. En particulier, ces derniers ne devraient pas être la préoccupation des seuls Etats touchés par la guerre. En cas de conflit civil éclaté dans l'un des pays, les autres pays de la région, en lieu et place de l'indifférence ou de comportement belliqueux, devraient s'évertuer à aider à trouver un dénouement pacifique de la crise. Cela est d'autant plus vrai que certains pays de la région, aujourd'hui engagés dans une bonne dynamique d'industrialisation et de croissance, ont besoin d'un bon climat de stabilité régionale en vue d'attirer les IDE. Les mêmes pays ont aussi besoin de débouchés dans les pays voisins de la région pour leur industrie manufacturière en gestation. Du reste, dans le cadre des différents CERs, un cadre et des mécanismes de surveillance et d'arbitrage devraient être mis en place pour qu'en cas de conflit dans l'un des pays membres, les accords de libre-échange et de libre circulation des biens et des personnes ne soient pas remis en cause. Enfin, étant donné le rôle présumé des ressources naturelles comme catalyseurs de conflits et de leurs effets sur les économies de la région, une saine gestion et responsable de l'exploitation de ces ressources est plus que nécessaire aussi bien sur le plan national que sur le plan international. Cela se ferait par la formalisation de l'exploitation et du commerce des minerais ainsi que la possibilité de contrôle par des acteurs non étatiques de la mise en œuvre, par les entreprises intervenant dans le secteur, du Guide de l'OCDE sur le devoir de diligence pour des chaînes d'approvisionnement responsables en minerais provenant de zones de conflit ou à haut risque (OCDE, 2011).

Nous ne saurions clore notre thèse sans reconnaître humblement qu'elle comporte des limites. Nous n'avons pu, dans le cadre de cette thèse, faire une analyse empirique rigoureuse du rôle des ressources naturelles dans la relation conflits civils-croissance dans les pays des grands lacs africains. De ce point de vue, l'analyse empirique du triptyque conflits civils-ressources naturelles-croissance économique est une piste d'investigations empiriques intéressantes pour les recherches futures.

Bibliographie

Abadie, A., & Gardeazabal. (2003). The economic costs of conflict : A case study of the Basque country. *The American Economic Review, 93*(1), pp 113-132.

Abessolo, Y. (2004). Instabilité politique et performances économiques : une évaluation du cas du Tchad. *Université de Yaoundé II, Cameroun.*

Acemoglu, D., & Zilibotti. (2001). Productivity differences. *The Quarterly Journal Of Economics, 116*(2), pp 563-606.

Acemolgu, D., Fergusson, L., & Johnson, S. (2017). Population and Civil War. *National Bureau of Economic Research, Working Paper 23322.*

Ades, A., & B., H. (1997). Thy neighbor's curse : regional instability and economic growth. *Journal of Economic Growth, 2*(3), pp 279-304.

Amin, S. (1974). *Le développement inégal. Essai sur les formations sociales du capitalisme périphérique.* Editions de minuit, 364 p.

Amin, S. (1986). *La déconnexion : pour sortir du système mondial.* La Découverte, Collection de Cahiers libres, 413 p.

Anderson, J. E., & Wincoop, E. (2003). Gravity with gravitas : a solution to the border puzzle. *American Economic Review, 93*(1), pp 170-192.

Anderson, J., & Marcouiller, D. (2002). Insecurity and the Pattern of Trade : An Empirical Investigation. *Review of Economics Statistics, 84*(2), pp 342-352.

Ansorg, N. (2011). How Does Militant Violence Diffuse in Regions ? Regional Conflict Systems in International Relations and Peace and Conflicts Studies. *International Journal of Conflict and Violence, 5*(1), pp 173-187.

Arellano, M., & Bond, S. (1991). Some tests of specification for panel data : Monte Carlo evidence and an application to employment equations. *The Review of Economic Studies, 58*(2), pp 277-297.

Arellano, M., & Bover, O. (1995). Another look at the instrumental-variable estimation of error-components models. *Journal of Econometrics, 68*(1), pp 29-51.

Asiedu, E., & Lien, D. (2011). Democracy, foreign direct investment & natural resources. *Journal of International Economics, 84*(1), pp 99-111.

Azam, & al. (1995). Some Economic Consequences of the Transition from Civil War to Peace. *World Bank Policy Research Working Paper N° 1392*, 150 p.

Azam, J. p. (2001). Capacité d'engagement de l'Etat, redistribution et croissance. *Revue Economique, 3*(52), pp 506-517.

Azam, J. P., Berthelemy, J.-C., & Calipel, S. (1996). Risques politiques et croissance en Afrique. *Revue économique*(n° 47), pp 819-829.

BAfD, OCDE, & PNUD. (2016). *Villes durables et transformations structurelles.* Perspectives Economiques en Afrique, 15ème édition.

Bah, A., & Tapsoba, S. J. (2010). Civil Conflicts and Regional economic Integration Outcomes in Africa. *CERDI Working papers N° 201009.*

Baldwin, R. E. (2004). Openness and Growth : What's the Empirical Relationship ? Dans R. E. Baldwin, & L. A. Winters, *Challenges to Globalization : Analyzing the Economics.* Chicago : University of Chicago Press.

Baliamoune-Lutz, M. (2009). Institutions, Trade, and Social Cohesion in Fragile States : Implication for Policy Conditionality and Aid Allocation. *Jpurnal of Policy Modeling, 31*(6), pp 877-890.

Baliamoune-Lutz, M. (2011). Growth by Destination (Where you export matters) : Trade with China and Growth in African Countries. *African Development Review, 23*, pp 202-218.

Baliamoune-Lutz, M., & Ndikumana, L. (2007). The Growth Effects of Openness to Trade and the Role of Institutions : New Evidence from African Countries. MPRA Paper 6189, Department of Economics, Univesrity of Massachusetts Amherst.

Banerjee, A., & Newman, A. (2004). Notes for Credit, Growth, and Trade Policy. *unpublished manuscript, MIT.*

Barbieri, K., & Reuvey, R. (2005). Economic globalization and civil war. *Journal of Politics, 67*(4), pp 1228-1248.

Barro, R. J. (1991). Economic Growth in a Cross Section of Countries. *The Quarterly Journal of Economic, 106*(2), pp 407-443.

Barro, R. J., & Lee, J. W. (2013). A new data set of educational attainment in the world, 1950-2010. *Journal of Development Economics, 104*, pp 184-198.

Barro, R. J., & Sala-i-Martin, X. (1992). Convergence. *Journal of Political Economy, 100*(2), pp 223-251.

Barro, R. J., & Sala-i-Martin, X. (1997). Technological diffusion, convergence, and growth. *Journal of Economic Growth, 2*, pp 1-26.

Baumont, C., & Guillain, R. (2013). Interactions, spillovers de connaissance et croissance des villes européennes : Quel est le rôle de la géographie, du climat institutionnel et des réseaux des firmes multinationales ? *Région et Développement, 38*, pp 161-207.

Bayer, R., & Rupert, M. C. (2004). Effects of Civil Wars on International Trade, 1950-92. *Journal of peace Reseach, 41*(6), pp 699-713.

Ben-David, D. (1993). Equalizing Exchange : Trade Liberalization and Income Convergence. *The Quarterly Journal of Economics, 108*(3), pp 653-679.

Ben-David, D. (2001). Trade liberalization and income convergence : a comment. *Journal of International Economics, 55*(1), pp 229-234.

Benoit, E. (1978). Growth and Defense in Developing Countries. *Economic Development and Cultural Change, 26*(2), pp 271-280.

Bhagwati, J. S. (2002). Trade and Poverty in the Poor Countries. *American Economic Review, 92*(2), pp 180-183.

Blancheton, B. (2004). Ouverture Commerciale, croissance et développement : malentendus et ambiguïtés des débats. *Première journée du développement du GRE. Le concept de développement en débat, 16-17 septembre 2004.*

Blomberg, S., & Hess, G. D. (2006). How much does violence tax trade. *Review of Economics and Statistics, 88*(1), pp 599-612.

Blundell, R., & Bond, S. (1998). Initial conditions and moment restrictions in dynamic panel data models. *Journal of Econometrics, 88*(4), pp 115-143.

Blundell, R., & Bond, S. (2000). GMM estimations with persistent panel data : An application to production functions. *Econometric Reviews, 19*(1), pp 321-340.

Bodea, C., & Elbadawi, I. (2008). Political Violence and Economic Growth. *World Bank Policy Research Working Paper N°4692.*

Boulada, J. P. (2003). Conflits armés en Afrique : Classifications, causes et alternatives. Dans Laltchad (Éd.), *Thème présenté au nom de SURVIE, membre du Collectif Strasbourd anti-G8 d'Evian, Forums de Strasbourg, 21 p.*

Brückner, M. (2011). Population Size, Per Capita Income, and the Risk of Civil War. Regional Heterogeneit in the Structural Relationship Matters. *World Instute for Development Economics Research (UNU-WIDER), Working Paper No.2011/18.*

Brückner, M., & Lederman, D. (2012). Trade Causes Growth in Sub-Saharan Africa. Washington DC : Policy Research Working Paper Series N°. 6007.

Busse, m., & Königer, J. (2012). Trade and Economic Growth : A Re-examination of the Empirical Evidence. *Hamburg Institute of International Economics, Paper 123.*

Bussmann, M., & Schneider, G. (2007). When Globalization Discontent Turns Violent : Foreign Economic Liberalization and Internal War. *International Studies Quarterly, 51*(1), pp 79-97.

Bwenge, M. A. (2005). D'une CEPGL à une autre : quelles alternatives dans les stratégies actuelles d'intégration et de coopération pour le développement ? *Document présenté dans le cadre de la 11ème Assembléé générale du Codesria. Repenser le développement en Afrique : Au-delà des impasses, quelles alternatives ?* Maputo, 6 au 10 décembre 2005, 22 p.

Cadoret, I., Rondeau, F., & Tran, X. (2014). Trade and Growth Relationship : Continent Matters. *CREM CNRS 6211, University of Rennes 1.*

Chang, R., Kaltani, L., & Loayza, N. V. (2009). Openness caan be good for growth : The role of policy complementarities. *Journal of Development Economics, 90*, pp 33-49.

Cling, J. P. (2006). Commerce, croissance, pauvreté et inégalités dans les PED : une revue de littérature. *DIAL Working paper N°2006-07.*

CNUCED. (2013). *Commerce itnra-africain : Libérer le dynamisme du secteur privé.* Le développement économique en Afrique, Rapport 2013, Nations Unies.

Collier, P., & al. (2003). *Breaking the Conflict Trap : Civil War and Development Policy.* Washington, DC : World Bank and Oxford University Press.

Collier, P., & Hoeffler, A. (1998). On the economic causes of civil wars. *Oxford Economic Papers*, pp 563-573.

Collier, P., & Hoeffler, A. (1999). On the economic consequences of civil war. *Oxford Economic Papers, 51*, pp 168-183.

Collier, P., & Hoeffler, A. (2004). Gireed and grievance in civil war. *Oxford Eonomic Papers, 56*(4), pp 563-595.

Couttenie, V., & Vicard, V. (2012). Trade and income : using civil wars in transit countries as external shocks on trade. *mimeo.*

Couttenier, M., & Vicard, V. (2012). Trade and income : using civil wars in transit countries as external shocks on trade. *mimeo.*

Datta, A., & Agarwal, S. (2004). Telecommunications and economic growth : a panel date approch. *Applied Economics 36*, pp 1649-1654.

David, C.-P., & Benessaiech, A. (1997). "'La paix par l'intégration ? Théories sur l'interdépendance et les nouveaux problèmes de sécurité"'. *Etudes intenationales, 28*(2), pp 227-254.

De Groot, O. J. (2010). The spillovers of conflict on economic growth in neighboring countries in Africa. *Defense and Peace Economics, 21*(2), pp 149-164.

Ding, L., & Haynes, K. (2006). The role of Telecommunications Infrastructure in Regional Economic Growth in China. *Australian Journal of Regional Studies, 12*(3), pp 281-298.

Dollar, D. (1992). Outward-Oriented Developing Economies Really Do Grow More Rapidly : Evidence from 95 LDCs, 1976-1985. *Economic Development and Cultural Change, 40*(3), pp 523-544.

Dollar, D., & Kraay, A. (2004). Trade, Growth and Poverty. *Economic Journal, 114*(493), pp 22-49.

Dufrénot, G., Mignon, V., & Tsangarides, C. (2009). The trade-growth nexus in the developing countries : A quantile regression approch. *CEPII Working paper N°2009-04.*

Dunne, J. P., & Tian, N. (2015). Conflict, Economic Growth and Spillovers Effects in Africa. *ERSA working paper 561*, 33 p.

Dunne, J. P., Smith, R., & Willenbockel, D. (2005). Models of Military Expenditure and Growth : A critical Review. *Defense and Peace Economics, 16*(6), 449-461.

Edwards, S. (1993). Openness, trade liberalization, and growth in developing countries. *Journal of Economic Literature, 31*(3), pp 1358-1393.

Edwards, S. (1998). Openness, productivity and growth : What do we really know ? *Economic journal, 108*, pp 383-398.

Eeasterly, W., & Levine, R. (1997). Africa's Growth Tragedy : Policies and Ethnic Divisions. *The Quarterly Journal of Economics, 112*(4), pp 1203-1250.

Elbadawi, I., & Hegre, H. (2008). Globalization, Econoic Shocks, and Armed Conflict. *Defense and Peace Economics, 19*(1), pp 37-60.

Elhorst, J. P. (2014). *Spatial Econometrics : From Cross-Sectional Data to Spatial Panels.* Springer Briefs in Regional Science.

Ezcurra, R., & Manotas, B. (2013). Globalisation and Civil wars : An empirical analysis. Department of Economics, Universidad Publica de Navarra . . . .

Fearon, J. D., & Laitin, D. D. (2003). Ethnicity, Insurgency, and Civil War. *American Political Science Review, 97*(1), pp 75-90.

Feyrer, J. (2009a). Trade and Income : Exploiting time series in geography. *National Bureau of Economic Research, Paper 19910.*

Feyrer, J. (2009b). Distance, Trade and Income : The 1967 to 1975 closing of the Suez Canal as a natural experiment. *National Bureau of Economic Research, Working Paer 15557.*

Frankel, J. A., & Romer, D. (1996). Trade and Growth : An Empirical Investigation. *NBER Working Paper N°5476.*

Frankel, J. A., & Romer, D. (1999). Does trade cause growth ? *American Economic Review, 89*(3), pp 379-399.

Fukuyama, F. (1993). *The End of History and the last Man.* Penguin Books Limited.

Gahama, J. (2006). Les causes des violences ethniques contemporaines dans l'Afrique des Grands lacs : Une analye historique et socio-politique. (Codesria, Éd.) *Afrika Zamani*(13 & 14), pp 101-115.

Galtung, J. (1969). Violence, Peace, and Peace Research. *Journal of Peace Research, 6*(3), pp 167-191.

Ganegodage, K. R., & Rambaldi, A. N. (2014). Economic consequences of war : Evidence from Sri Lanka. *Journal of Asian Economics, 30*, pp 42-53.

Gartzke, E., & Li, Q. (2003). Globalisation and Peace : How Economic Integration Can Reduce the Incidence of International Conflict. Dans N. P. Gleditsch,

G. Schneider, & K. Barbieri, *Globalization and Armed Conflict.* Rowman & Littlefield.

Gissinger, R., Hegre, H., & Gleditsch, N. P. (2003). Globalization and Internal Conflict. Dans N. P. Gleditsch, G. Schneider, & K. Barbieri, *Globalization and Armed Conflict.* Rowman & Littlefield.

Githaiga, N. (2011). *Dimensions régionales des conflits dans les grands lacs.* Naïrobi : Mada Hôtel.

Gleditsch, K. S. (2002). All International Politics Is Local : The Diffusion of Conflict, Integration, and Democratization. University of Michigan Press, 280 p.

Glick, R., & Taylor, A. M. (2005). Collateral Damage : Trade Disruption and the Economic impact of war. *The Review of Economics and Statistics, 92*(1), pp 102-127.

Goldin, I. A., & Reinert, K. (2007). *Globalisation for developpement : Trade, finance, aid, migration and policy.* Washington DC : Palgrave MacMillan and World Bank.

Grossman, G. M., & Helpman, E. (1991a). *Innovation and growth in the global economy.* The MIT Press.

Grossman, G. M., & Helpman, E. (1991b). Trade, Knwoledge Spillovers and Growth. *European Economic Review, 35*(2-3), pp 517-526.

Grossman, H. I. (1995). Robin hood and the redistribution of property income. *European Journal of Political Economy, 11*(3), pp 399-410.

Gunder, F. A. (1977). *L'accumulation mondiale 1500-1800.* Calmann-Lévy.

Gundlach, E. (2005). Solow vs. Solow : Notes on Identification and Interpretation in the Empirics of Growth and Development. *Review of World Economics, 141*(3), pp 541-556.

Hegre, H. (2004). *The Limits of the Liberal Peace.* A dissertation for the degree of Dr. Philos., Department of Political Science.

Hegre, H., Ellingsen, T., Gates, S., & Gleditsch, N. P. (2001). Toward a Democratic Civil Peace ? Democracy, Political Change, and Civil War, 1816-1992. *American Political Science Review, 945*, pp 33-48.

Hegre, H., Oneal, J. R., & Russett, B. (2010). Trade Does Promote Peace ? : New Simultaneous Estimates of the Reciprocal Effects of Trade and Conflict. *Journal of Peace Reseach, 47*, pp 763-774.

Herdershee, J., Samba, M. D., & Tshibangu, T. M. (2012). *Résilience d'un Géant Africain : Accélérer la croissance et promouvoir l'emploi en République Démocratique du Congo. Volume 1, Synthèse, Contexte historique et macroéconomique.* Kinshasa : MEDIASPAUL.

Hugo, P. (2001). L'Economie des Conflits en Afrique. *Revue internationale et stratégique, 3*(n°43), pp 152-169.

Hugon, P. (2006). Conflits armés, insécurité et trappes à pauvreté en Afrique. *Afrique contemporaine, 2*(218), pp 33-47.

Humphreys, M. (2003). Aspects économiques des guerres civiles. *Revue du Tiers Monde, 2*(174), pp 269-295.

Im, K., Pesaran, M., & Shin, Y. (1997). Testing for Unit Roots in Heterogenous Panels. *DAE, Working Paper 9 26, University of Cambridge.*

Imai, K., & Weinstein, J. (2000). Measuring the Economic Impact of Civil War. *CID Working Paper N°51.*

Islam, N. (1995). Growth empirics : a panel date approach. *The Quarterly Journal of Economics, 110*(4), pp 1127-1170.

Jaimovich, D., & Kamuganga, D. (2012). Trade at the Extensive Margin and CIvil Wars in Africa. *Working paper.*

Justino, P. (2007). Carrot or Stick ? Redistributive Transfers versus Policing in Contexts of Civil Unrest. *A Micro-Level Analysis of Conflict, EU Integreted Project, Brighton.* University of SUSSEX, MICROCON Research Working Paper 3.

Justino, P., & Verwimp, P. (2006). Poverty Dynamics, Violent Conflict and Convergence in Rwanda. Households in Conflict Network Working Paper, 16.

Kabamba, K. B. (2000). *Inter-régionalité des pays des grands lacs africains : Elaboration d'un modèle d'intégration régionale en Afrique et son application à la Région des grands lacs.* Belgique : Université de Liège.

Kaldor, M. (2012). *New and Old Wars : Organised Violence in a Global Era.* Stanford Univesrity Press. 3 edition, 256 p.

Kankwenda, M. J. (2005). *l'économie politique de la prédation au Congo-Kinshasa : Des origines à nos jours 1885-2003.* Kinshasa : Les éditions de l'ICREDES.

Kant, I. (1975). Perpetual peace. Reprint, New York : The liberal Arts Press.

Kapur, D., Ramamuti, R., & Moitra, D. (2001). India's emerging competitive advantage in services. *The Academy of Management Executive (1993-2005), 15*(2), pp 20-33.

Keen, D. (1998). *The Economic Functions of Violence in Civil Wars.* Adelphi Paper n°320, London : International Institute for Strategic Studies.

Kensk, O. M., Pollins, B. M., & Reuveny. (2004). Trade Still Follows the Flag : The Primacy of Politics in a Simultaneous Model of Interdependence and Armed Conflict. *Journal of Politics, 66*(4), pp 1155-1179.

Knight, M., Loayza, N., & Villanueva, D. (1996). The Peace Dividend : Military Spending Cuts and Economic Growth. *IMF Staff Papers, 43*(1), pp 1-37.

Kukenova, M., & Monteiro, J.-A. (2008). Spatial Dynamic Panel Model and System GMM : A Monte Carlo Investigation. *Munich Personal RePEc Archive Paper No. 14319.*

Le Gallo, J. (2000). Econométrie spatiale I : Autocorrelation spatiale dans les modèles de régression linéaire. *Economie et prévision, 4*(155), pp 139-157.

Léon, A. (2004). L'East African Community : vers une intégration régionale des espaces. (IFRA, Éd.) *Les cahiers de l'Afrique de l'Est, L'intégration Est-Africaine* (23), p. 32 p.

LeSage, J. P. (2014). What regional scientists need to know about spatial econometrics. *Fields endowed Chair, Texas State University-San Marcos, Department of Finance & Economics.*

Levine, R., & Renelt, D. (1992). A Sensitivity Analysis of Cross-Country Growth Regression. *The American Economic Review, 82*(4), pp 942-963.

Li, D. (2007). The Economic Effects of Civil War : Evidence from Chinese National Railroads, 1906 – 1923. *Department of Economics, Boston University.*

Lipset, S. M. (1959). Some Social Requisites of Democracy : Economic Development and Political Legitimacy. *The American Political Science Review, 53*(1), pp 69-105.

Long, A. G. (2008).) . Bilateral Trade in the Shadow of Armed Conflict. *International Studies Quarterly, 52*, pp 80-101.

Longo, R., & Sekkat, K. (2004). Economic Obstacles to Expanding Intra-African Trade. *World Development, 32*(8), 1309-1321.

Lotze, W., Engelbrecht, A. K., & Jaarsveld, B. S. (2009). *Natural resources, the Environment and Conflict.* Durban : African Centre for the Constriction Resolution of Disputes (ACCORD).

Lucas, R. E. (1998). On the Mechanics of Economic Development. *Journal of Monetary Economics, XXII*, pp 3-42.

Magee, C. S., & Massoud, T. G. (2011, januay). Openness and internal conflict. *Journal of Peace Reseach, 48*(1), pp 59-72.

Maher, D. (2015). Rooted in Violence : Civil War, International Trade and the Expansion of Palm Oil in Colombia. *Directorate of Politics & Contemporary History, University of Salford M5 4WT, UK.*

Mampaey, L. (2009). *Gouvernement d'entreprise, finance et technologie dans les groupes de production d'armements aux Etats-Unis : une lecture institutionnaliste.* Université de Versailles Saint Quentin en Yvelines, Thèse de Doctorat en Sciences Economiques.

Mankiw, N. G., Romer, D., & Weil, D. (1992). A contribution to the empirics of economic growth. *The Quarterly Journal of Economics, 107*(2), pp 407-437.

Marchal, R., & Messiant, C. (2002). De l'avidité des rebelles. L'analyse économique de la guerre civile selon Paul Collier. *Critique Internationale, 16*, pp 58-69.

Marshall, M. G. (2016). *Major Episodes of Political Violence and Conflict Regions, 1945-2015.* Récupéré sur systemicpeace : www.systemicpeace.org

Martin, P., Mayer, T., & Thoenig, M. (2008). Civil Wars and International Trade. *Journal of the European Economic Association, 6*(2-3), pp 541-550.

Matungira, K. (2013). Les ressources stratégiques comme fondément économique des guerres de balkanisation de la RDC. Dans M. J. Kankwenda, & N. Mukoka, *La RDC face au complot de balkanisation et d'implosion.* Kinshasa : ICREDES.

Mayer, T., & Thoenig, M. (2016). Regional trade agreements and the pacification of Eastern Africa. *International Growth Centre.*

McCandless, E., & Karbo, T. (2011). *Peace, Conflict and Development in Africa : A Reader.* University for Peace.

Mérino, M. (2011). L'intégration régionale "'par le bas"', force de l'East African Community (EAC). *Géoéconomie, 3*(58), pp 133-147.

Montalvo, J., & Reynal-Querol, M. (2005). Ethic Polarization, Potential Conflict, and Civil Wars. *American Economic Association, 95*(3), pp 796-816.

Montesquieu, C. L. (1748). De l'esprit des lois. Genève : Barillot.

Moore, A. J. (2015). *Infrastructure, market access and trade in developing countries.* London : The London School of Economics and Political Science.

Murdoch, J. C., & Sandler, T. (2002a). Economic Growth, Civil Wars, and Spatial Spillovers. *Journal of Conflict Resolution, 46*(1), 91-110.

Murdoch, J. C., & Sandler, T. (2002b). Civils Wars and Economic Growth : A regional comparison. *Defense and Peace Economics, 13*(6), 451-464.

Murdoch, J. C., & Sandler, T. (2004). Civil Wars and Economic Growth : Spatial Dispersion. *American Journal of Political Science, 48*(1), 138-151.

Mwanasali, M. (2000). The Wiew fromBelow. Dans M. Berdal, & D. M. Malone, *Greed & Grievance : Economic Agendas in Civil Wars.* Lynne Rienner Publishers, Inc., 260 p.

Niang, A.-A. (2010). Croissance et convergence économique en Afrique : L'impact des effets spatiaux. *MPRA Papers 24059.* Récupéré sur MPRA : https://mpra.ub.uni-muenchen.de/24059/1/NIANG.pdf

Nkurunziza, J. D., & Ngaruko, F. (2008). Why Has Burundi Grown so Slowly ? The Political Economy of Redistribution. Dans B. Ndulum, & al., *The Political Economy of Economic Growth in Africa, 1960-2000 : Country Case Studies* (Vol. 2). Cambridge University Press, pp 51-85.

North, D. C. (1991). Institutions. *The journal of Economic Perspectives, 5*(1), pp 97-112.

Nubukpo, K. (2007). Dépenses publiques et croissance des pays de l'Union economique et monétaire ouest-africaine (UEMOA). *Afrique contemporaine, 2/2007*(222), pp 223-250.

OCDE. (2011). Guide OCDE sur le devoir de diligence pour des chaînes d'approvisionnement en minerais exemptes de lien avec un conflit. Comment améliorer vos perspectives commerciales et obtenir la certification de la CIRGL.

Oloufadé, J. D. (2012). Trade Openness, Conflict Risk and Income Inequality, University of Ottawa. *Trade Openness, Conflict Risk and Income Inequality.*

Omeje, K., & Hepner, R. T. (2013). *Conflict and Peacebuilding in the African Great Lakes Region.* Bloomington and Indianapolis : Indiana University Press.

Ortega, F., & Peri, G. (2014). Openness and Income : The roles of trade and migration. *Journal of International Economics, 92*, pp 231-251.

Patrick, S. (2006). Weak States and Global Threats : Assessing evidence of spillovers. *Center for Global Development.*

Pesaran, M. (2007). A simple Panel Unit Root Test in the Presence of Cross-Section Dependance. *Journal of Applied Econometrics 22, 2*(22), pp 265-312.

Pesaran, M. H. (2004). General Diagnostic Tests for Cross Section Dependance in Panels. *University of Cambridge, Faculty of Economics, Cambridge Working Papers in Economics N°0435.*

Polachek, S. W. (1980). Conflict and trade. *Journal of Conflict Resolution, 24*(1), pp 55-78.

Pollins, B. M. (1989). Does trade still follow the Frag ? *The American Politicial Science Review, 83*(2), pp 465-480.

Porhel, R. (2004). Infrastructure et développement : le cas de l'EAC. (IFRA, Éd.) *Les cahiers de l'Afrique de l'Est, Nouvelle série*(23), p. 58 p.

Posner, D. N. (2004). Measuring Ethnic Fractionalization in Afric. *American Journal of Political Science, 48*(4), pp 849-863.

Przeworski, A., Alvarez, M. E., Cheibub, J. e., & Limongi, F. (2000). Democracy and Development : Political Institutions and Well-Being in the World, 1950-1990. *Cambridge University Press.*

Przeworski, A., Alvarez, M. E., Cheibub, J., & Limongi, F. (2000). Democracy and Development : Political Instittions and Well-Being in the World, 1950-1990. *Cambridge University Press.*

Qureshi, M. S. (2013). Trade and thy neighbour's war. *Journal of Development Economics, 105*, pp 178-195.

Reid, M. S., & Wayman, F. (2010). *Resort to War : A Data Guide to Inter-State, Extra-State, Intra-State, and Non-State Wars, 1816-2007.* Washington DC : CQ Press.

Révillon, J. (2013). L'intégration régionale du Rwanda. (IFRA, Éd.) *MAMBO ! Travaux de recherche sur l'Afrique de l'Est, XI*(7), p. 4 p.

Reynal-Querol. (2002). "'Ethnicity, Political Systems and Civil War. *Journal of Conflict Resolution, 46*(1), pp 29-55.

Ricardo, D. (1817). *Des principes de l'économie politique et de l'impôt, Chapitres I à XVI.* Paris : Collection des principaux économistes.

Rivera-Batiz, L. A., & Romer, P. M. (1991). Economic Integration and Endogenous Growth. *The Quarterly Journal of Economics, 106*(2), pp 531-555.

Robbins, D. J. (1996). Trade, Trade Liberalization, and Inequality in Latin America and East Asia : Synthesis of Seven Country Studies. *Harvad Instute for International Development, Working Paper* .

Rodriguez, F., & Rodrik, D. (2001). Trade policy and economic growth : A skeptic's guide to the cross-national evidence. *NBER Macroeconomics Annual 2000, 15*, pp 261-338.

Romer, P. (1986). Increasing Returne and Long-Run Growth. *Journal of Political Economy, 94*(5), pp 1002-1037.

Romer, P. (1991). Endogeneous technological change. *NBER Working Paper, 3210.*

Roodman, D. (2009). A note on the theme of too many instruments. *Oxford Bulletin of Economics and Statistics 71*, pp 135-158.

Rosecrance, R. (1986). *The Rise of th Trading State : Commerce and Conquest in the Modern World.* New York : Basic Books, 268 p.

Ross, M. (2003). The natural Resource Curse : How Wealth Can Make You Poor. Dans B. Ian, & P. Collier, *Natural Resosurces and Violent Conflict : Options and Actions.* The World Bank.

Sachs, J. D., & Warner, A. M. (1995). Natural Resource Abundance and Economic Growth. *HIID Development Discussion, Paper N° 517a, Harvard University.*

Santhirasekaram, S., & Amirarthalingam, K. (2010). Direct and indirect effects of conflicts, violence and war on economic growth in Sri Lanka. *Sri Lanka economic journal, 11*(1), pp 31-60.

Serneels, P., & Verpoorten, M. (2012). The impact of armed conflict on economic performance. Evidence from Rwanda. *CSAE Working Paper WPS/2012-10.*

Sesay, F. L. (2004). *Conflicts and refugees in developing countries.* München : Department of Economics, Ludwing-Maximilians-Universität.

Smith, A. (1776). *Recherche sur la nature et les causes de la richesse des nations.* Une édition électronique de la traduction française de Germain Garnier.

Sollfrank, H. D. (2009). *Peace through trade : an analysis of the effect of domestic trade on international conflict and civil war.* Naval Postgraduate School, Monterey, California.

Solow, R. M. (1956). A contributionto the theory of economic growth. *The Quarterly Journal of Economics, 70*(1), pp 65-94.

Soto, M. (2009). System GMM estimation with a small sample. *Barcelona Economics Working Paper Series, Working paper n° 395.*

Stein, A. A. (2003). Trade and Conflict : Uncertainty, Strategic Signaling, and Interstate Disputes. Dans E. D. Mansffield, & B. Pollins, *Interdependence and International Conflict : New Perspectives on an Enduring Debate.* University of Michigan Press.

Stewart, F., & Fitzgerald, V. (2001). *War and Underdevelopment : Volume 1 : The Economic and Social Consequences of Conflict.* Oxford University Press.

Stewart, F., Huang, C., & Wang, M. (2001). Internal Wars In Developing Countries : An Empirical Overview of Economic and Social Consequences. Dans F. Stewart, & V. Fitzgerald, *War and Underdevelopment : Volume 1 : The Economic and Social Consequences of Conflict.* Oxford University Press.

Thoenig, M., & Verdier, T. (2003). A Theory of Defensive Skill-Biased Innovation and Globalization. *American Economic Review, 93*(3), pp 709-728.

Thompson, W. (2001). Identifying Rivals and Rivvalries in World Politics. *International Studies Quarterly, 45*(4), pp 557-586.

Trabelsi, E. (2016). What effects exert Economic Globalisation and Central Bank Transparency on inflation of OECD countries ? An Application of LSDVC Estimator on a dynamic panel model. *HAL, archives-ouvertes.*

Tsasa, J. P. (2012). *Analyse de la relation guerres civiles et croissance économique.* Cellule de Réflexionx Economiques et Sociales.

Vahabi, M. (2012). Political Economy of conflict foreward. *Revue d'économie politique, 122*, pp 153-169.

Vega, S. H., & Elhorst, J. P. (2013). On spatial econometric models, spillovers effects, and W. *53rd ERSA conference, Palermo, August 27-31, 2013, 55.*

Wacziarg, R., & Wallack, J. S. (2004). Trade liberalization and intersectoral labor movements. *Journal of International Economics, 64*(2), pp 411-439.

Wijeweera, A., & Webb, M. (2009). Military spending and economic growth in Sri Lanka : A time series analysis. *Defence and Peace Economics, 20*(6), pp 499-508.

Wijeweera, A., & Webb, M. (2010). A peace dividend for Sri Lanka : The case for a return to prosperity following the end of hostilities. *Global Economy Journal, 10*(2), 1-9.

Wood, A. (1995). How trade hurt unskilled workers. *The Journal of Economics Perspectives, 9*(3), pp 57-80.

World Bank, W. (2001). *Global Economic Prospects and the Developing Countries.* Washington : World Bank.

Yildirim, J., & Öcal, N. (2016). Military expenditures, economic growth and Spatial spillovers. *Defense and Peace Economics, 27*(1), pp 87-104.

Table des matières

Les annexes

Annexe 1 : Le modèle de gravité, inspiré de Madariaga (2010)

Le modèle de gravité, initié par Jan Tinbergen (1962) et perfectionné par James Anderson (1979), est une relation empirique qui explique le commerce entre deux pays par leur taille économique et la distance qui les sépare d'une manière analogique avec l'expression de la loi de la gravitation universelle de Newton. C'est l'outil standard en économie pour évaluer l'écart entre le commerce réel et le commerce potentiel entre deux pays.

Dans sa formulation la plus simple, le modèle de gravité explique les importations du pays i en provenance du pays j, notées Mij, à partir de l'équation suivante :

$$M_{ij} = \frac{Y_i^{\alpha} Y_j^{\beta}}{d_{ij}^{\theta}} \tag{1}$$

Où Yi et Yj représentent respectivement le PIB du pays importateur et du pays exportateur et dij la distance séparant les deux pays. Cette équation donne ainsi toute sa place à la géographie, jusqu'alors négligée dans une grande partie des analyses en commerce international, pour expliquer les relations commerciales entre nations. Ces trois variables expliquent généralement plus de trois quarts des flux bilatéraux entre pays.

Dans sa version augmentée, de nombreuses variables peuvent être ajoutées au modèle de base pour mesurer l'impact d'autres facteurs sur le commerce bilatéral. Le modèle de gravité a notamment été employé pour mesurer l'effet sur le commerce d'un accord commercial régional, bilatéral, multilatéral ou d'une monnaie commune. De la même manière, les impacts de facteurs historico-géographiques autres que la distance peuvent être estimés, tels que le partage d'une frontière commune, d'un passé coloniale commun ou encore la qualité des infrastructures. Tous ces facteurs contribuent à mesurer directement ou indirectement les coûts de transaction à commercer.

L'estimation économétrique du modèle de gravité passe par une log-linéarisation de l'équation (1). Lorsque les données ont une dimension individuelle et temporelle, le modèle de gravité se présente, dans sa forme la plus réduite, de la manière suivante :

$$\text{lnM}_{ij} = \text{Cste} + \alpha \text{lnY}_{it} + \beta \text{lnY}_{jt} + \theta \text{lnd}_{ijt} + \varepsilon_{ijt} \quad (2)$$

Le modèle peut également prendre une forme augmentée en ajoutant d'autres déterminants des échanges parmi les variables explicatives mentionnées ci-haut. L'équation (2) devient alors :

$$\begin{aligned} \text{lnM}_{ijt} &= \text{cste} + \alpha \text{lnY}_{it} + \beta \text{lnY}_{jt} + \theta \text{lnd}_{ijt} + \delta \text{ACR}_{ijt} + \lambda \text{colcom} \\ &+ \varphi \text{ langcom} + \varphi \text{UM} + \varepsilon_{ijt} \end{aligned} \quad (3)$$

On peut aussi incorporer dans l'équation (3) des attributs individuels à chaque pays tels que l'état des infrastructures, l'enclavement, etc. Dans le cadre de ce chapitre, après avoir intégré les caractéristiques individuelles de chaque pays, l'enclavement et le conflit civil, nous avons estimé l'équation (4) suivante :

$$\begin{aligned} \text{lnM}_{ijt} &= \text{cste} + \alpha \text{lnY}_{it} + \beta \text{lnY}_{jt} + \theta \text{lnd}_{ijt} + \delta \text{ACR}_{ijt} + \lambda \text{colcom} + \varphi \text{langcom} \\ &+ \gamma \text{encl}_{it} + \zeta \text{encl}_{jt} + \psi \text{confl}_{it} + \rho \text{confl}_{jt} + \varepsilon_{ijt} \end{aligned} \quad (4)$$

Source : Adapté de Madariaga (2010)

Annexe 2 : La matrice d'interactions spatiales (construite sur base de la distance entre les capitales)

	BI	ZAR	KEN	RWA	TZA	UGA
BI	0	0,06395681	0,1150198	0,55426713	0,08509368	0,18166257
ZAR	0,25306349	0	0,16333774	0,23753492	0,14767626	0,19838759
KEN	0,18179942	0,06524747	0	0,2085148	0,23281842	0,31161989
RWA	0,50533656	0,1202759	0,05473263	0	0,07832737	0,24132754
TZA	0,19041923	0,08351827	0,32961801	0,1922496	0	0,2041949
UGA	0,23144695	0,06387895	0,25118361	0,33723395	0,11625654	0

Source : Construction de l'auteur

Annexe 3 : Les statistiques descriptives, définitions des variables et sources de données utilisées pour les chapitres III & IV

Variables	Description	Obs.	mean	Std. Dev.	min	max	Source des données
gr	Le taux de croissance du produit intérieur brut égal à ln($Pibha_t$)-ln($Pibha_{t-1}$). Il s'agit de l'indicateur de la variable expliquée dans l'équation à estimer.	120	0.0015	0.0353	-0.282	0.1371	WDI, 2015
Dpc	Les dépenses publiques de consommation (en % du PIB)	126	14.1791	4.7398	4.364	31.5729	WDI, 2015
Infl	Le niveau d'inflation capté par l'indice des prix à la consommation	126	309.1639	2416.155	-9.187	26762.02	WDI, 2015
Nra	Rente des ressources naturelles	122	14.3239	9.6731	2.9547	40.5501	WDI, 2015
n+g+δ	Le taux de dépréciation du capital	126	2.7829	1.7048	-6.293	8.03868	WDI, 2015 et Mankiw et al. (1992) pour g+δ

Variables	Description	Obs.	mean	Std. Dev.	min	max	Source des données
Invest	L'investissement représenté par la formation brut de capital fixe (en % du PIB)	126	16.0502	6.3249	2.1	31.5163	Penn World Table 8.1
Scol	Le taux de scolarisation de niveau secondaire et rendement à l'éducation (Barro et Lee, 2012)	126	1.5368	0.2531	1.1343	2.1659	Penn World Table 8.1
ouv	Degré d'ouverture capté par (exportations + importations)/PIB	126	43.28927	14.3753	19.6841	91.9362	WDI, 2015
$\mathbf{W_{ij}}$	A partir de la Distance (km) entre les capitales des pays de l'échantillon.	36	0.1667	0.1331	0	0.5543	CEPII
Civ	Présence de conflit civil	126	0.3016	0.4608	0	1	Center for Systemic Peace
Intense	Intensité de conflit civil	126	1.2857	2.0932	0	10	Center for Systemic Peace

Variables	Description	Obs.	mean	Std. Dev.	min	max	Source des données
Ccereg	Total des exportations et des importations régionales (en % du PIB)	126	0.0067	0.0074	0	0.0377	UN COMTRADE
Membre_eac	Variable binaire indiquant l'appartenance à l'EAC (1) ou non (0)	126	0.3253968	0.3741	0	1	Site officiel de l'EAC
Membre_cepgl	Variable binaire indiquant l'appartenance à la CEPGL (1) ou non (0)	126	0.5	0.4703933	0	1	Site officiel de la CEPGL
Membre ceeac	Variable binaire indiquant l'appartenance à la CEEAC (1) ou non (0)	126	0.468254	0.501996	0	1	Site officiel de la CEEAC

Source : Construction de l'auteur

Annexe 4 : Les pays de la Région des Grands lacs pris en compte dans le cadre de la thèse (la partie en couleur)

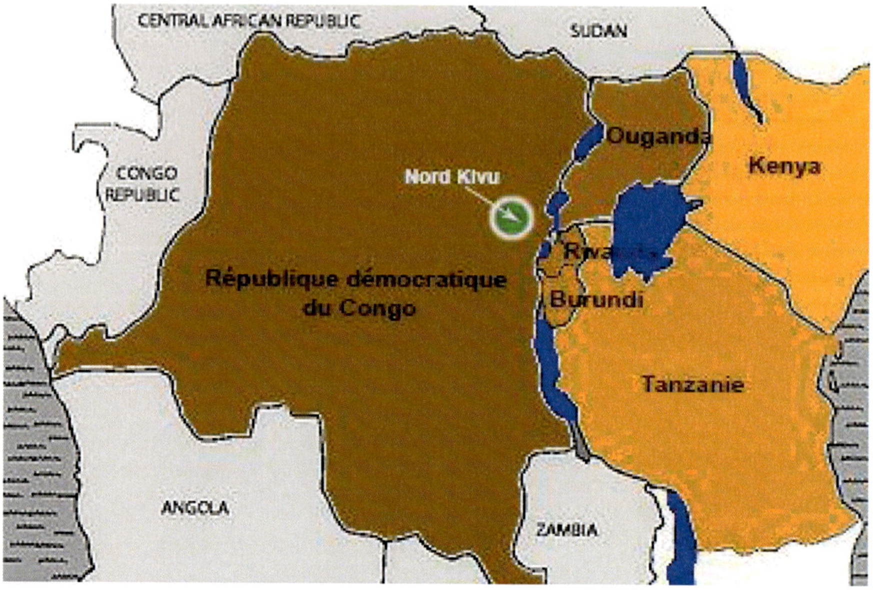

Source : Geopolis

Annexe 5 : Les Communautés Economiques Régionales auxquelles appartiennent les pays de la Région des Grands Lacs pris dans l'échantillon

	CEPGL	CEEAC	CAE	COMESA	SADC
Burundi	×	×	×	×	
Kenya			×	×	
RDC	×	×		×	×
Rwanda	×	×	×	×	
Ouganda			×	×	
Tanzanie			×		×

Source : Construction de l'auteur

Frieden – Versöhnung –Zukunft: Afrika und Europa
Schriften der GIUBUNTU Peace-Academy
hrsg. von Prof. Dr. Klaus Baumann (Universität Freiburg), Prof. Dr. Rainer Bendel (Stuttgart/Tübingen), P. Déogratias Maruhukiro, PhD (Universität Freiburg)

Andrijana Glavas
Ich bin immer noch hier!
Die Rolle von Religiosität und Spiritualität bei traumatisierten Patienten in Kroatien
Die Ergebnisse dieser interdisziplinären caritaswissenschaftlichen Studie belegen erstmals die bislang unbeachtete Rolle von Religiosität und Spiritualität bei traumatisierten und anderen psychisch kranken Patienten in Kroatien für die Verarbeitung und Bewältigung ihrer Erkrankung. Die beeindruckenden Erkenntnisse stellen eine gute Diskussionsbasis dar, um die Förderung der Ressourcen von Religiosität und Spiritualität bei der Entwicklung neuer, effektiver Programme anzuregen, die zur Prävention, Behandlung, Rehabilitation und Nachsorge von Posttraumatischer Belastungsstörung und anderen psychischen Störungen beitragen könnten.
Bd. 8, 2022, 300 S., 39,90 €, br., ISBN 978-3-643-15171-1

Mahuwèna Martin Dieudonné Djègbatè
Von der Kultur der Aggression bis zur Feindesliebe
Eine friedensethische Analyse am Beispiel der Volkslieder und der Lebenswelt der Fon-Maxi in Benin
Wir leben in einer Welt, in der ein aus Angst weitverbreitetes negatives Menschenbild das Zusammenleben erschwert und immer neu die Friedensfähigkeit des Menschen und somit auch die Erfüllbarkeit des christlichen Gebotes der Feindesliebe in Frage stellt. Martin Djègbatè untersucht in der vorliegenden Forschungsarbeit die Mechanismen und die Ursachen der Verbreitung dieses Menschenbildes in den traditionellen und modernen Volksliedern im Süden Benins und legt einen besonderen Wert auf zivilgesellschaftlichen und politischen Mentalitätswechsel durch Selbstkritik, Angstüberwindung, Dialog und Versöhnung.
Bd. 5, 2022, 336 S., 34,90 €, br., ISBN 978-3-643-14947-3

Aimé-Parfait Niyonkuru
Droit judiciaire burundais
Institutions judiciaires, gens et autres acteurs de (la) Justice
La littérature scientifique publiée relative au droit judiciaire burundais est peu étoffée. Pour l'essentiel, les ressources documentaires disponibles sont constituées de travaux produits par les étudiants en master et en licence pour l'obtention de leurs diplômes. Quant à la littérature publiée il y a une ou plusieurs décennies, elle n'est point d'actualité sur de nombreux points – fait dont le lecteur n'a malheureusement pas souvent conscience –, tant le droit judiciaire burundais évolue extrêmement vite. La présente publication intervient dans la foulée de la promulgation d'une série de lois qui rendent les publications existantes dépassées par rapport à certaines informations ou sources. L'un des mérites de ce livre est de remettre à jour ces informations et ces sources.
Bd. 4, 2022, 236 S., 39,90 €, br., ISBN-CH 978-3-643-91385-2

Aimé-Parfait Niyonkuru
Access to Justice Beyond the State Courts
A Solution to the Crisis in Burundi?
Costliness, excessive delay, bias against the weak, corruption, underfunding, insufficiency of legal skills and shortage of training programmes (for the judicial staff in its diversity), complexity of legal rules and procedures, including the language of both the law and the Court, dependency vis-à-vis the political authorities; these are flaws documented as hindering equal and effective access to Burundi's formal state court justice system. This book argues that engaging with out-of-court justice in Burundi's legal pluralism model may positively impact on people's access to justice, particularly for the poor and the underprivileged.
vol. 3, 2021, 194 pp., 29,90 €, pb., ISBN-CH 978-3-643-91377-7

Déogratias Maruhukiro
Für eine Friedens- und Versöhnungskultur
Sozial-politische Analyse, ethischer Ansatz und kirchlicher Beitrag zur Förderung einer Friedens- und Versöhnungskultur in Burundi
Burundi, ein kleines Land in Ostafrika, wird seit Jahrzehnten von Bürgerkriegen heimgesucht. Basierend auf qualitativer Forschung analysiert die vorliegende Studie die burundische Konfliktsituation und schlägt mögliche Lösungen vor. Die Studie verdeutlicht, dass die ethnische Frage zwar eine wichtige Rolle spielt, aber nicht – obgleich es viele Autoren bisher geschrieben haben – die Ursache des Konflikts ist. Dies zeigt auch die Analyse der politischen Krise von 2015, die laut den Berichten der Untersuchungskommission der Vereinten Nationen von schweren Verbrechen gegen die Menschlichkeit gekennzeichnet ist. Ethnizität wird in dieser neuerlichen Situation manipulativ für politische Machtinteressen genutzt. Wege zur Förderung einer neuen Friedens- und Versöhnungskultur werden vorgeschlagen.
Bd. 2, 2020, 360 S., 34,90 €, br., ISBN 978-3-643-14444-7

Klaus Baumann; Rainer Bendel; Déogratias Maruhukiro (Hrsg.)
Gerechtigkeit, Wahrheitsfindung, Vergebung und Versöhnung. Justice, Vérité, Pardon et Réconciliation
Zur Friedensarbeit von Politik und Kirchen in Nachkriegsgebieten. Pour une approche des politiques de paix dans les régions post-conflit
Kann Gerechtigkeit eine Bedingung für Vergebung und Versöhnung sein? Diese Frage wird selten gestellt, ist aber für die Frage der Friedenspolitik in Nachkriegsgebieten von großer Bedeutung. Kriege in den Ländern in Mitteleuropa wie auch in der Region der Großen Seen Afrikas haben deren soziale Gefüge schwer beschädigt. Umso schwerer waren Prozesse der Vergebung und Versöhnung.
Die Suche nach der Wahrheit, auch wenn sie komplex, wenn nicht illusorisch ist, scheint ein entscheidender Faktor für die Verwirklichung von Gerechtigkeit, Vergebung und Versöhnung zu sein.
Diese Themen standen in vergleichender Perspektive im Mittelpunkt der Debatten und Konferenzen der Girubuntu Peace Academy (GPA); die Ergebnisse werden in diesem Band dokumentiert.
Bd. 1, 2021, 302 S., 29,90 €, br., ISBN 978-3-643-14443-0

LIT Verlag Berlin – Münster – Wien – Zürich – London
Auslieferung Deutschland / Österreich / Schweiz: siehe Impressumsseite

African Development Perspectives Yearbook
Research Group on African Development Perspectives University of Bremen

Herkulaas MvE Combrink; Tobias Knedlik; Samia Satti Osman Mohamed Nour; Ulrike Schuerkens; Katinka de Wet; Karl Wohlmuth (Eds.)
Business Opportunities, Start-ups, and Digital Transformation in Africa
vol. 23, 2023, 616 pp., 89,90 €, pb., ISBN-CH 978-3-643-91441-5

Tobias Knedlik; Samia Satti Osman Mohamed Nour; Anthony Ifeanyi Ugulu; Karl Wohlmuth (Eds.)
Sustainable Development Goal Nine and African Development
Challenges and Opportunities
vol. 22, 2021, 556 pp., 89,90 €, pb., ISBN-CH 978-3-643-91404-0

Reuben A. Alabi; Achim Gutowski; Nazar Mohamed Hassan; Samia Satti Osman Mohamed Nour; Karl Wohlmuth
Science, Technology and Innovation Policies for Inclusive Growth in Africa
Human Skills Development and Country Cases
vol. 21, 2020, 584 pp., 89,90 €, pb., ISBN-CH 978-3-643-91173-5

Reuben A. Alabi; Achim Gutowski; Nazar Mohamed Hassan; Tobias Knedlik; Samia Satti Osman Mohamed Nour; Karl Wohlmuth
Science, Technology and Innovation Policies for Inclusive Growth in Africa
General issues and country cases
vol. 20, 2018, 596 pp., 89,90 €, pb., ISBN-CH 978-3-643-91042-4

Reuben A. Alabi; Achim Gutowski; Tobias Knedlik; Oyebanke Oyelaran-Oyeyinka; Karl Wohlmuth (Eds.)
Africa's Progress in Regional and Global Economic Integration – Towards New Trade and Investment Policies
vol. 19, 2016, 486 pp., 79,90 €, pb., ISBN-CH 978-3-643-90785-1

Achim Gutowski; Tobias Knedlik; Patrick N. Osakwe; Isabelle Ramdoo; Karl Wohlmuth (Eds.)
Africa's Progress in Regional and Global Economic Integration – Towards Transformative Regional Integration
vol. 18, 2016, 450 pp., 79,90 €, pb., ISBN-CH 978-3-643-90523-9

Karl Wohlmuth; Achim Gutowski; Magda Kandil; Tobias Knedlik; Osmund O. Uzor (Eds.)
Macroeconomic Policy Formation in Africa
Country Cases
vol. 17, 2014, 368 pp., 69,90 €, pb., ISBN-CH 978-3-643-90522-2

Karl Wohlmuth; Achim Gutowski; Magda Kandil; Tobias Knedlik; Osmund O. Uzor (Eds.)
Macroeconomic Policy Formation in Africa – General Issues
vol. 16, 2014, 368 pp., 69,90 €, pb., ISBN-CH 978-3-643-90394-5

Reuben Adeolu Alabi; Joy Alemazung; Hans H. Bass; Achim Gutowski; Robert Kappel; Tobias Knedlik; Osmund Osinachi Uzor; Karl Wohlmuth (Eds.)
Africa and the Global Financial Crisis – Impact on Economic Reform Processes
vol. 15, 2011, 464 pp., 69,90 €, br., ISBN 978-3-643-10648-3

Intercultural Theology and Study of Religions
edited by Prof. Dr. Chibueze C. Udeani (University of Würzburg),
Prof. Dr. Klaus Zapotoczky (Linz), Prof. Dr. Friedrich Reiterer (University of Bonn), Prof. Dr. Dr. Claude Ozankom (University of Bonn)

Chibueze Udeani
Intercultural Hermeneutics – Understanding Culture and Religion
New hermeneutical challenges abound within the process of globalisation especially as they pertain to culture and religion. Consequently, a new form of hermeneutics approached from an intercultural perspective is needed. This requires, if not a new set of hermeneutical tools then, at least, a serious, profound and critical analysis and constructive adaptation of the already available set of hermeneutical tools. Intercultural hermeneutics in the understanding of religion and culture and among cultures and religions is being proposed here as this new form of art or science of understanding.
vol. 7, 2021, 322 pp., 39,90 €, pb., ISBN-CH 978-3-643-91454-5

Chibueze C. Udeani; Klaus Zapotoczky (Hrsg.)
Die Rede von Gott – Discourse on God
Interdisziplinäre und interkulturelle Zugänge – Interdisciplinary and intercultural Approaches
Gegenwärtig sind die Gottesfrage und ihre zuweilen zerstörerischen Folgen so konflikthaft geworden, dass bisweilen die Abschaffung Gottes zugunsten eines friedlicheren Zusammenlebens gefordert wird. So ist die „Rede von Gott" ein Themenfeld, das die *Internationale Gesellschaft für interkulturelle Theologie und Studium der Religionen (ISRIT)* diskutiert und dabei Expertinnen und Experten aus diversen Fachgebieten (Theologie, Psychologie, Physik etc.) mit historischen wie aktuellen Implikationen der Gottesproblematik aus interdisziplinären und interkulturellen Perspektiven zu Wort kommen lässt.
In our present time, talking about God with reference to its at times destructive consequences has become so much conflictive that sometimes even the abolition of God to the advantage of a more peaceful mutual co-existence is demanded. Hence the "Discourse on God" is another theme, upon which the *International Society for Intercultural Theology and Study of Religions (ISRIT)* deliberates involving experts from diverse fields of science – Theology, Psychology, Physics etc. – hereby focussing on the historical as well as the current implications of the God-problematic from interdisciplinary and intercultural perspectives.
Bd. 6, 2018, 318 S., 34,90 €, br., ISBN 978-3-643-90989-3

LIT Verlag Berlin – Münster – Wien – Zürich – London
Auslieferung Deutschland / Österreich / Schweiz: siehe Impressumsseite